中國學術思想

研究輯刊

三五編

林慶彰 主編

第12冊

王心齋與中晚明儒學的轉折
——兼論道德自我與社會人倫的衝突與和諧（下）

潘玉愛 著

花木蘭文化事業有限公司

國家圖書館出版品預行編目資料

王心齋與中晚明儒學的轉折——兼論道德自我與社會人倫的
衝突與和諧（下）／潘玉愛 著 -- 初版 -- 新北市：花木蘭文
化事業有限公司，2022〔民 111〕
目 4+154 面；19×26 公分
（中國學術思想研究輯刊 三五編；第 12 冊）
ISBN 978-986-518-814-6（精裝）
1.CST：（明）王艮 2.CST：學術思想 3.CST：明代哲學
4.CST：儒學
030.8   110022428

ISBN-978-986-518-814-6

中國學術思想研究輯刊
三五編　第十二冊　　　　　ISBN：978-986-518-814-6

王心齋與中晚明儒學的轉折
——兼論道德自我與社會人倫的衝突與和諧（下）

作　　者　潘玉愛
主　　編　林慶彰
總 編 輯　杜潔祥
副總編輯　楊嘉樂
編輯主任　許郁翎
編　　輯　張雅淋、潘玟靜、劉子瑄　美術編輯　陳逸婷
出　　版　花木蘭文化事業有限公司
發 行 人　高小娟
聯絡地址　235 新北市中和區中安街七二號十三樓
　　　　　電話：02-2923-1455 ／傳真：02-2923-1452
網　　址　http://www.huamulan.tw 信箱 service@huamulans.com
印　　刷　普羅文化出版廣告事業
封面設計　劉開工作室
初　　版　2022 年 3 月
定　　價　三五編 23 冊（精裝）新台幣 62,000 元

王心齋與中晚明儒學的轉折
——兼論道德自我與社會人倫的衝突與和諧（下）

潘玉愛　著

目

次

上　冊

第一章　導　論 ……………………………………… 1
　　一、研究之緣起與意義 …………………………… 1
　　二、前人研究綜述與省察 ………………………… 7
　　三、研究方法與範域 ……………………………… 12

第二章　理學與中晚明社會的問題 ……………… 17
　第一節　宋明理學內在的預設：內聖外王 ……… 17
　　一、內聖外王理論的核心價值 ………………… 18
　　二、明際朱王學術特性的差異：理心之辨 …… 22
　　三、晚明儒學內部的正本清源 ………………… 26
　第二節　外王層面的衝突：勢強理微 …………… 29
　　一、政治模式的差異：儒法之辨 ……………… 29
　　二、中晚明經濟實況：義利之辨 ……………… 31
　　三、儒士的心態 ………………………………… 33

第三章　陽明學與泰州之學的親疏 ……………… 37
　第一節　陽明與王心齋身心安頓的爭議 ………… 37
　　一、陽明與王心齋個體性的分殊 ……………… 37
　　二、陽明與王心齋格物論的趨向性 …………… 39

　　　　三、再論陽明與王心齋的致良知……………45
　　　　四、陽明與王心齋身心安頓的爭議…………49
　　第二節　王心齋學思與泰州之學……………50
　　　　一、王心齋的學思歷程……………………50
　　　　二、王心齋的言說………………………53
　　　　三、王心齋與泰州之學…………………56
第四章　王心齋的本體工夫……………………59
　　第一節　內聖的進路…………………………59
　　　　一、良知觀……………………………59
　　　　二、「樂」與學………………………69
　　第二節　外王的存有進路……………………76
　　　　一、良知「致」：淮南格物………………77
　　　　二、百姓日用與即事是學…………………91
第五章　王心齋的儒式社會……………………101
　　第一節　內聖外王的理想社會………………101
　　　　一、人人君子比屋可封…………………101
　　　　二、出處與師友…………………………107
　　　　三、道尊身尊……………………………117
　　第二節　王心齋的師友社群…………………122
　　　　一、橫向：講學的助援…………………123
　　　　二、縱向：泰州學派的形成………………132

下　冊
第六章　泰州學的群己觀與質疑……………153
　　第一節　泰州學的群己觀…………………153
　　　　一、王襞主「無」：自由放任…………154
　　　　二、王棟主「有」：指導保衛…………158
　　　　三、耿定向主「虛實」：兼融並蓄………163
　　　　四、李卓吾主「真空」：走向異端………171
　　第二節　中晚明儒者對王心齋與泰州之學的質難
　　　　……………………………………177
　　　　一、對王心齋的質難…………………177
　　　　二、對泰州的質難……………………184

第七章　聖人與經世 ……………………………………… 195

　第一節　中晚明的聖人觀 …………………………… 195

　　一、縱向：道統之辨 …………………………… 196

　　二、橫向：聖凡之辨 …………………………… 203

　第二節　中晚明的經世觀 …………………………… 214

　　一、經世之義涵 ………………………………… 214

　　二、儒、佛之辨 ………………………………… 218

第八章　中晚明儒學與當代西方的轉化 ……………… 225

　第一節　中晚明儒學與當代西方的公、私觀 …… 227

　　一、中晚明儒者的公、私觀 ………………… 228

　　二、當代西方的公私觀 ……………………… 237

　第二節　中晚明儒學與當代西方的共濟 ………… 249

　　一、中晚明儒家與自由主義的相濟 ………… 249

　　二、中晚明儒家與社群主義的共濟 ………… 254

第九章　結　論 ………………………………………… 259

參考文獻 ………………………………………………… 271

附錄一：據袁承業之年譜整理其重要事蹟 ……… 285

附錄二：據年譜與和刻本《王心齋全集・弟子錄》
　　　　整理 ……………………………………… 295

附錄三：泰州學派之傳的不同看法 ……………… 299

附錄四：王心齋世系略表 ………………………… 303

附錄五：據年譜整理之王艮學譜 ………………… 305

第六章　泰州學的群己觀與質疑

　　泰州學對中晚明思潮的影響，學界一般多比擬為西方的啟蒙運動，吾人以為以啟蒙運動僅能說明泰州學的自然主義與將人自僵化的綱常倫理之內解放出，卻無法真正的對其內容進一步的探析。如果從儒家的內聖與外王的意識型態上看，這種意識型態是一種「道德的形上學」的要求，係以內在是良知為體，外在是以經世為用，形成自我與社會之間的聯繫，也是自我對應社會變化的調節。因此，我們可藉此探察泰州學派的內部心性型態，觀照中晚明期的儒學轉折。本章從兩方面探討，一是內部，泰州學的群己型態；二是外部，面對陽明後學、東林、劉宗周對其理論的重整與質疑。

第一節　泰州學的群己觀

　　儒家的群己意識型態，多著重於自我與社會的聯繫，如果兩方都可以相互認同，就無所謂的衝突而是一種和諧。衝突的背後深蘊著左右的關鍵——心性觀的預設，它不僅使之發展出不同的儒者型態，它也導向是否必然是內聖而外王。前雖內聖外王的意識型態是一種潛藏，而是否一定實現得視其條件的充份與否。

　　任何哲學理論，終究會問到實踐的可能性？而在交往行為中，也因而相應地提出三種有效性要求：「真實性」、「正當性」、「真誠性」，在泰州學的個案，即可看到不同類型的儒者，他們將哲學的理論落實於其生命內外顯於言行，即是「透由事顯理，由事理明」，其著重的三種不同有效性，由此形成其各自的型態。我們可以藉著探析泰州學派的心性論，發掘出其所重視交往行

為的有效性為何？進而，獲悉他們所欲通往的意義世界。

我們必須觀照泰州學的內在意義類型，而所謂的內在意義，就是自我理解的可能性，這蘊藏一切意義的起源、中介、完成。對於自我該如何分際呢？牟宗三對於「自我」的釐定，是透過對康德的探察後所提出智的直覺的意義與作用，在他的理解：「這裡所謂心，所謂主體，就是自我說。自我之意識（統覺）就是我之單純的表象，而如果一切在主體中是雜多的東西皆為自我之活動所給與，則內部直覺必是智的直覺。」〔註1〕從而，一般研究中國哲學者都以此稱，或許該再重新再瞭解中文語詞對於「自我」的概念是否以強化、對立的方式下稱之「主體」，基於此，我們或許該進一步瞭解內在意義：心性，形聚成為稱自身的語詞，如「吾」、「己」、「我」。假如要對泰州學派的自我探詢，我們必須透過這兩方面揭開泰州學所建構出的自我意義世界，概可區分為四種層次，三種儒式型態，以下展開其心性，也表顯出泰州學理論內部與外來交流的元素，弱化或強化王心齋理論的型態。他們的理論內涵，影響著他們個人生命的態度，倘若在自我與社會的關係內看，他們所展現出：主無的理論，是以個人自由放任的態度，當遇到人倫時即會產生衝突；主有的理論，是以指導護衛的態度，一面修正一面維護，避免過度是以緩近；主兼虛實，是以兼融並蓄的態度，以達和諧；主真空的理論，走出儒家，而主出世，以下乃四階段的辯證過程：

一、王襞主「無」：自由放任

在第四章第二節，我們瞭解王襞的交往，其稱之為師是陽明門下相當有名望者：浙中錢緒山和王龍溪。在陽明晚年天泉證道時，緒山與龍溪兩人特質與見解就顯現不同，一對於師說持以保守的態度，重工夫；另一則是持以積極的態度，重本體，雖然觀點不同卻不阻礙兩人交往，仍相互推許、唱和。從理論的內涵論，王襞受龍溪影響較顯著，雖然其父王心齋在良知觀上是與王龍溪相同主張自然、見在、日用，在王襞對韓貞的評論，又參王心齋原是強調格物、即事即學、學至聖人等，而他卻拋開「學」，其言：「才提起一個學字，卻是便要起幾層意思，不知原無一物，原自見成，順明覺自然之應而已。」《王東崖先生遺集·語錄遺略》使原本是本體工夫一體，卻留下僅以良知本體，可見其重本體的意謂。雖然王心齋也言現成與自在，但王心齋所重視還

〔註1〕牟宗三，《智的直覺與中國哲學》，台北：台灣商務印書館，1971，頁162。

是合本體作工夫，在王子敬問王心齋莊敬持養工夫時，王心齋是以整體、正向的表詮方式說明：「中也，良知也，性也，一也，識得此理則現現成成，自自在在」《遺集‧語錄》這值得注意是「識得此理」是有所「據」而言工夫，並不是不做工夫。顯然王襞未承其父以「有」為實，而是以「無」為實。王襞在〈率性修道說〉即是對於《中庸》的詮釋，他認為「性」是純粹至精，「率」其表述有二：一是流行義，「由是性而自然流行之妙，萬感萬應，適當夫中節之神」；二是本體義「本不假纖毫人力於其間」，而聖人與百姓日用是同然之體，但聖人與百姓的分別在於，一是永不違其「真」，如顏子；一是不自知其日用的本真的獲持，一動於欲，一滯於情，於是移除真而產生遮蔽。王義所主張是去心之蔽，復其真。這更近似宗於王龍溪以「幾」與「真機」的看法，而不是王心齋以孟子的詮釋方式，以復其初的表述心，以真實無妄來表述，其間他還以「先天」、「心不空」〔註2〕、「圓神之妙」等語詞，這是近於王龍溪的先天無為之用，加入《易》的概念詮解，使良知推向高遠玄虛。王襞的良知是完全純粹自然，以「愈平常則愈本色，省力處便是得力處也。」不加意念，正如龍溪〈解意識〉以「絕意去識」鋪陳近如佛家語辭所言的無念、無助，而實際上他是以「無明」、「無執」作為意識的定義，分別以顏子與曾子為喻，一是代表德性之知，是「履空空其意識不遠之復也」，一是多學以為知，意識累之。由此，無疑是加雜佛義釋儒，這種格義，將導致良知的空無，去除「學」的作用，這是全憑自然的直覺主義〔註3〕。在心學理論極端化全以「無」

〔註2〕若如彭國翔所言：「無論『空』、『虛』、還是『寂』，都是一組意義相近的用語，它們均指示了良知的形式性。在龍溪看來，正是良知的這種形式性，為道德實踐在不同境遇下都能夠自然而然地因應萬變且始終保持善的指向提供了保證。」於此吾人以為王氏乃多闡發良知本體狀態與作用，以「無」為體、為妙用，而若以形式為說，似乎單見妙用與表層意義，並且若以儒者的內聖意識言良知，是居仁由義，更重要是良知的內容，而未見對於王龍溪良知觀下本質的定義，只於外緣辨說，將良知導向宗教義，淡化儒者的意識型態，如在儒、佛之辨，龍溪於〈南遊會紀〉提出：佛者是與世界冷無交涉，而儒者是與物同體，人心不容己之生機，或是面對義、利境遇的抉擇，但這卻是儒者之為儒的關鍵處。見彭國翔：《良知學的開展──王龍溪與中晚明的陽明學》，北京：三聯書店，2005，頁37～91。

〔註3〕王龍溪的表述是「直心以動」，是將個體良知僅以本體論，只宗主觀性，其曰：「本無生、孰殺之；本無譽，孰毀之；本無潔，孰污之；本無榮，孰辱之。直心以動，全體超脫，不以一毫意識參次其間。……是非獨來獨往超然而存者，何足以語此！」（《王龍溪先生全集‧趙麟陽贈言》卷十六。）

為論就會犯，專以德性之。

在心學理論極端化全以「無」為論就會犯，專以德性之知為第一義，即是以默識「性」體，而解消過渡心「體」的作用性，而導致不言工夫，反以道家式的無為之言詮抵解工夫的涵養性。正如羅念庵正是質疑「無照」，其言：「然念頭有起，即非本無一物，猶為克怨伐欲不行之功，已落第二義。未知孔門為仁，顏子不貳過之旨果何乎？」（《念庵文集・與王龍溪》卷二）僅以、無之辨，德性與見聞等表述意識只是依列條件是不夠必然充份，而儒家是不與不及的「中庸」為價值。因此，自然為宗的良知，必須還有一道防線，即是「中」，無論是有通於無，或無通於有都要回歸於「中和」。王襞又揭竿力主「性則眾善出」，而這點不同於龍溪，因羅洪先曾批評龍溪：「但取足於知，而不原其所以良，故失養其端，而推任其所已發，謂離已發無所謂中也。遂以見在之知為事物之則，而不察理欲之混淆。」（《念庵文集・夏游記》卷五）、〈松原志晤〉）這點王襞部份保留王心齋的「中」、「善」的論點，但其以「率性」無滯於心、何須擔荷、何須充拓，這與盡心知性是不同。

黃宗羲批評王襞之學「猶在光景作活計」，即是由於其提倡「樂」的精神，且認為不僅是本於心齋還與龍溪的授受有關，但其僅點出卻未論析，而近人研究多忽略黃宗羲的見解〔註4〕其所錄僅一處「問學」，若我們從《王東崖先生遺集》中找尋，我們可以透過他詮解其父的乃是以「樂」為重，其云：「契良知之傳，工夫易簡，不犯做手，而樂夫天然率性之妙，當處受用，通古今於一息」《王東崖先生遺集・上昭陽太師李石翁書》還有散見「樂與人為善」、「實致良知於日用間，以求自慊，何樂如之，此左右極切語，更何言哉？」〈答秋曹彰州陳文溪書〉、「即快人心而樂道之者，況為若孫子者乎？」〈書祈門鄭竹崗永思卷〉，或在其詩作幾處可見自得之「樂」。究竟王襞的「樂」是依從其父還是其師？如果從《明儒學案，東崖語錄》所錄，我們可瞭解王襞部份是肯定其父之論，而還有許多部份是不同其父的思維：如王心齋是承認樂與私並存，要以良知的自覺抑私欲，但未提良知僅以「不樂」言，似未見深層性的「樂」，而以表層為是；先後的問題上，兩人都認同本體之樂，工夫上王

〔註4〕張克偉前後兩次的研究未曾注意到黃宗羲的觀點，又或者對於龍溪的思想瞭解不夠徹底。於〈王東崖理學思想初探〉，《陝西師範大學學報》（哲學社會科學版），第27卷，第1期，1998年3月，頁116～119。或於〈王東崖理學思想初探〉，《商丘思想學報》，第15卷，第1期，1999年2月，頁48～52。

心齋是以良知，他卻不贊成欲有加本體之外，但其又肯定王心齋樂學與學樂的觀點。於此，王襞對於樂的觀點似乎陷入矛盾之中。然而，若我們再與王龍溪的「樂」相參，往下再深究就能瞭解他的問題。

龍溪言學與樂的關係是以憤樂並提，其曰：「憤是求通之義，樂者心之本體」，可就憤是動態上的流行義，而樂靜態上是本體，樂是「以入於神化所不欲踰矩」，是自然之和暢，憤是「朝乾夕惕老而不倦」，是自然之勇，所以他以憤樂相生。而王襞僅在表層上申其父之論，其取徑是不同於王心齋，再將三者相較，他們都同意樂是人人同然，但他不同於王心齋和龍溪，是以有倚、無倚之分看樂，其曰：

> 如是則樂有辨乎？
> 曰：有所倚而後樂者，樂以人者也。一失其所倚，則嗛然若足也。
> 無所倚而自樂者，樂以天者也。舒慘欣戚，榮悴得喪，無適而不可也。
> 既無所倚，則樂者果何物乎？道乎，心乎？
> 曰：無物故樂，有物則否矣。且樂即道，樂即心也。而曰所樂者道，
> 所樂者心，是牀上之牀也。《明儒學案·東崖語錄》

第一義的樂是無倚，無適而不可，是一種內在純粹的精神〔註5〕境界，而不須外填對象，或「學」與「憤」的流行義，其父以良知與其師將「樂」設定是一種公心（去私）、同體的顯現，還有客觀的標準相衡，但其勉強以主觀的「先憂後樂」的方式代替工夫。王襞無可諱言地是直接拋開客觀，直躍道家的「無待」式的逍遙，即是一種個體主觀精神的超越。這不是依循王心齋以「有」，漸進式的「樂」，也不是循龍溪漸進式的「無」，龍溪先言「機」是悅，再言樂，進而龍溪云：

> 樂原無順逆，無加減，故人雖不知而無所慍，所謂避世無悶不見，
> 是而無悶聖修之及也。遯世而人以為是賢人以皆能之，惟遯世而人
> 不以為是，則非之者至矣。……吾人在世所處不同，惟有順逆二境，
> 樂則行之憂則違之，得志則澤加於民，不得志則修身見於世。……

〔註5〕張克偉以為：「通過其父王心齋『樂學』之教的推行，確立了自己「天然率性」為樂的學說宗旨。吾人王襞不是推行而是只瞭解到部份的「樂」，吾人前已論王心齋的「樂」有三層，但王襞只言本體與境界，而無工夫之樂，且未發掘與其父的底蘊是不同的：王心齋是重「有」，而王襞是重無。參見張克偉，〈王東崖理學思想初探〉，《陝西師範大學學報》（哲學社會科學版），第 27 卷，第 1 期，1998 年 3 月，頁 116。

孔顏各求自盡以其德業，未嘗有所意必而動於境也。（《王龍溪語錄·
憤樂說》卷八）

但就底蘊王襞是循龍溪所之路徑而有所發展，雖然龍溪對於樂還是從不同層面上論，還是不離世處，但王襞單僅以境界為言說，遺漏了樂的私情的一面。現成良知即是以天地之性為重，而忽略氣質之性是「心」的習氣。

王襞以「無物故樂」解消所有外界所給與的對立和衝突，而產生自我高度的認同，如果儒者意識是一種自我觀，將自我消融於良知觀的「真性」、「率性」，又加上不須工夫的內在主觀精神的境界，就形成無倚自得的「狂」式，即是自由放任的自我型態，特重自我的「真實性」效力，王襞曰：「希天也者，希天之自然也。自然之謂道。」《王東崖先生遺集·上道州周合川書》

探究心性論原不該僅論良知與樂的觀點，在陽明之後的探究應該要探討意」，但王心齋對於「意」未有特別的重視，因此，王襞幾乎未提，但王龍溪卻是注意到「意」的問題。

二、王棟主「有」：指導保箝

相較於王襞，王棟師承於王瑤湖與王心齋，如果從學術的角度論，《明儒學案》未列王瑤湖於學案內，且黃宗羲未提記其為王棟之師，僅載王心齋，然在《王一菴先生遺集·年譜》提及二十四歲時與王瑤湖學「學古之道」，或許一方面因他雖是王門之人也支持和參與講會活動，抑或主要因他是以官職為重，又或是因此隔年王棟即跟隨王心齋，所隨其從學期過短，僅見其成熟之作〈會語續集〉二處，一是王棟回顧與自省王瑤湖曾勉其及時為學的情景；二是他對於「意」的重視，其曰：

初見瑤湖師問：「閒思雜慮，滅東生西，如何可去？」師曰：「只在
何思何慮上用功，退而領悟，見不得再見再問。」反覆只此數言。
在坐年長者，目予止之。師曰：「勿阻其忠。」其人曰：「是子年稚
懵懂，數坐尊師清聽。」師曰：「此正是他不懵懂處，他是緊要處著
力不肯放過，吾卻於是子有深望焉。」然雖師教諄諄，終未有得。
直到數十年後，問辨體認，反覆多番，然後知當日何思何慮之教，
真切實用功要旨也。（《王一菴先生遺集·會語續集》卷一）

雖論述王瑤湖處少，但其對王棟的啟蒙是不可忽視，尤其是精思力行與在思慮上用功，這是黃宗羲未重視。在《明儒學案》是透過舉王棟之學，而提

出劉宗周與黃氏觀點是與之相同，若按其觀察其學之取向有二〔註6〕，一方將良知與格物相互闡發，一方強調意是定向而中涵是虛靈之心的主宰。然若於《王一菴先生遺集》的文本中，我們會發現王棟的學術在良知觀上是直提陽明〔註7〕，而「受格物之學，躬行實踐，久遂有所得。」則承襲王心齋，但他自認是王門泰州學的承遞者，所以他往往為王心齋之學澄清理論的義涵與辯護，以確正王心齋乃是以孔孟為統，有如對於王心齋的著作疏解其宗旨：〈樂學歌〉是誠意正心的途徑，〈勉仁方〉是格物致知的要領，〈明哲保身論〉是修身至善的原則，〈大成學歌〉孔子賢於堯舜的宗旨。我們又可以從王心齋之學被人質疑處，他多提出抗護，如樂學論、師友論、以格物為反身之論、保身論等，對於某些脫出王心齋之學者，他是以指導規正的立場，如他稱那些以超脫為論者。

　　舉凡有人質疑處，王棟對於王心齋之學是護衛的立場，就如王心齋的樂與學並重，他一面提出此課題是儒家孔門的理論的宗旨與重要價值，一面指出樂與學的關係，由反面論陳如果不學則會使悅樂不慍的本體埋沒，他強調「時時」學習，則可以時實回返至本體，而能時時喜悅，又將結合師友論的觀點相合，曰：

> 由是為人信與而得志行道，則此悅發而為樂。不為人信與而不得志，不行其道則悅不改為慍。悅即樂之來而幾微，忻忻以向榮者也。不慍即樂之守而堅固，安安以自得者也。（《王一菴先生遺集·會語正集》卷一）

　　這似有對於王心齋的出處的進一步的澄清，還釐界悅與樂是以積極的態度，而樂與不慍是以保守的自得態度，兩者不同，最終的目的是證呈「學不離樂」。關於師友論的護衛上，當有人質疑王心齋門下大多是好為人師，他一面提出王心齋之前的前輩是身負道德者，是與人為善並不汲於此，而至王心齋是發明王陽明所倡導的同樂之旨，是直接孔孟，出其門下者多承他的講學

〔註6〕「一則裹師門格物之旨而洗發之，言格物乃所以致知。平居為與物接，只自安正其身，便是格其物之本」。

〔註7〕在比對黃宗羲所錄之文與《王一庵先生遺集》之文，對於表述良知觀的原文，發現其只錄王棟提及有關「明翁」的原文一條，其餘還有四處是闡發：三處主論良知，一處對《大學》的明德。又於《王一庵先生遺集·原序》中提及，「其學深潛純粹，其語親切簡明，其近炙安豐，遠溯姚江，以尋源於洙泗，而成一代之大儒者，洵於心齋，稱難兄弟哉！宜當時主講席人有得師之慶也。」可見其學融受以二王一朱之學。

自任，他又表述王心齋自謙的態度是：「然又自責不厚，操養欠真，或於進退辭受察倫明物之間，不免氣習用事，多不服人，而成功亦因以鮮也。」（《王一菴先生遺集‧會語正集》卷一）他藉著師承之傳至始至終沒有好為人師的傾向說明與論呈，又從觀照王心齋的《遺錄》中的師友論〔註8〕的表述，指出關鍵語句是「其惟盛德乎！」、「宜先事信而後言，可也」。他反質疑與自省「吾輩」既無盛德足以感人，又不能以俟信而後言，反而耕人之田是自擾自累。

針對王心齋的格物提問有四處，其中有人質王心齋的以格物為反身之學，如在平居未與物接就無物可格，王棟認為一般人不夠理解格物的核心，多在於零碎的事物上商量，鑒於此其回覆格物是致知的工夫是一體不能拆分，並加以本末論說明，未與物接故自安正其身，便是格其物之本，他更進一步分解說明：「格其物之本，便是為應時之良知，至於事至物來，推吾身之矩而順事恕施，便是格其物之本。格其物之末，便即是既應時乏良知，格物致知可分拆乎？」（《王一菴先生遺集‧會語續集》卷一）他不斷重申和護衛王心齋格物宗旨是：吾身是本，專務修身立本而不責人。又有人對於割股癒親疾的行為詢問，雖然不是中道但是否體現發於愛親之真心的良知，這無庸置疑涉及王心齋保身論的觀點，王棟的看法是：

> 此個真心亦自聞見上發來。蓋聞世有親疾而割股者，固遂發此真心以效法之，惟其心真，故或感應。若從良知靈竅上來，則必能知此是父母遺體，安忍刃傷？又知吾父母倘一聞知，必反痛惜；又知萬一傷命，如事親何？良知之知全體洞徹，安有此不知而作之事哉？
> （《王一菴先生遺集‧會語續集》卷一

王棟判斷此真心在動機上是以聞見為主，對於分析割股的行為：一層據世俗而發的真心只是效法，固然可以心真或感應，追其源頭是因聞見；二層若是據良知，則會顧及以身體髮膚受之父母的守身，並且以事親為重。兩者不同，

〔註8〕王棟在《會語正集》中指出儒學是主於經世，其曰：「吾儒之學，主於經世，合下便在裁成天地輔相萬物上用功。日用間一切明物察倫，齊家治國，主張學術，植立人材，莫非裁成輔相之用，任大責重，如此苟無和順悅樂胸懷，則其天理大公之體，竟埋沒於自私自利勿欲推中，何處出頭幹辦公事。」他又澄清師友論的觀點，其曰：「任師錫類，固吾儒經世之動，而修己俟時不汲汲焉。」可見其彰明「經世」是在修己的基礎上，而後俟時（待勢）的思維，另他認為經世是以張載的民胞物與的精神為方法：「天地物之心無一息之停，故聖賢經世之懷亦無一時之歇，孔孟以惓惓不忘天下，不以亂世不可為而遂不肯為也。」

可以看出王棟護衛王心齋的保身論，事親雖不涉及外王，但還是堅守王心齋以內層是孝弟的宗旨，可知王棟相當熟悉王心齋的理論，還能應用其論。

王棟批評同門之學，對於王心齋的誤曲是以指導的立場，此與堂兄自由放任的遙遙相對，他認為當以「率性」為主時，實際上是「率意」，其云：「須是先識性字，性是心之生理，於中自具五常之德，自知寬裕溫柔，發毅剛毅，齊莊中正，文理密察。故率循此性，謂之知道。豈以是任氣作用者為性道耶！」（《王一菴先生遺集・會語續集》卷一）可由此表述明白王棟認為王襞是誤解率性，而是以氣作用。他不禁指出脫軌者的問題與正確的態度，其謂：「今之論學者，多以超脫為見道，此只可為拘執道理、防檢勵行者言之。觀朋輩中，凡喜超脫者率皆不盡精微，或失事廢禮，不近人情，而猶居然自以為是，何益焉？」（《王一菴先生遺集・會語續集》卷一）他反對王襞偏於在精神上的超脫，而不知反身守約，以默識良知與《禮》。王棟認為孔孟是不言超脫，言者是異學。他認為不能只談良知而不論格物，如果光言良知會造成「多為見聞情識所混，認識不真」，就是以良知與聞見混同而誤以聞見以知為良知，而如果「故必有格物之學，以良知為靠心絜矩，務使內不失己，外不失人，彼此皆安，而本末不亂，方是良知潔淨。」（《王一菴先生遺集・會語正集》卷一）這再證呈王心齋之學的意謂濃厚。

近人研究〔註9〕是以《明儒學案》所提揭的「意」的問題，如錢明以為其主意說是對泰州學王學的修正，此說是王棟自家的體驗，所據理由有三：一是師從王瑤湖，二是黃宗義看周海門的《聖學宗傳》未提，認為其說在生前不為同門所信，三則是不被劉宗周所知。〔註10〕另外，不以黃氏之作而《王

〔註 9〕唐君毅據《明儒學案》認為：「一菴之學承泰州心齋之傳。心齋師陽明，而終不易其格物之論，蓋自謂其格物之學，已足補陽明之致知之學之不足。一菴則繼此而謂當更有一誠意之學。是即以此誠意之學，補徒言致知格物之學之不足也。」見唐君毅：《唐君毅全集・中國哲學原論原教篇》，台北：臺灣學生書局，1977 年，頁 474。

〔註10〕見錢明：《陽明學的形成與發展》，南京：江蘇古籍出版社，2002 年，頁 230～234。理由一吾人同意其說，但後兩點吾人以為此錯解黃氏之意，黃氏引劉宗周之說，說明同門之人誤解之處：「故以意為心之所發為非是，而門下亦且斯航而不信」，並非是指劉氏不知主意。反而黃氏認為兩人的觀點是相同。另外，周海門並非泰州之門人，按彭國翔考證的結果，《明儒學案》中泰州學案五所列之人皆為王龍溪之門人，其實黃氏批評周海門《聖學宗傳》：「多將先儒宗旨湊合己意。埋沒一菴，又不必論也」前者於此不予致批，後者則察（《聖學宗傳・王棟傳》卷十八）：「王一菴為心齋先生門人，見地抑何超卓，真稱

一菴先生遺集》為據，鄭志峰以為王棟在做王陽明的良知說與王心齋格物論的會通〔註11〕。吾人從《王一菴先生遺集》中找到有涉及主意與慎獨之說，共有七處：有一處有人問誠意與正心、一處有人問意與志是否相同，一指出誠意工夫在慎獨，一是注慎獨，一是有人據王心齋《遺錄》提問他以護衛的觀點回答，一是有人問《遺錄》詩言「念頭動處須當謹」〈次答友人〉、一是針對舊論（朱子、陽明）而提出己見，由上線索與王心齋所提及相觀之也只有相關處有三，另二處都簡單論述未深入其以：物格而致，才有誠意、正心等工夫；或是論《中庸》提出工夫是慎獨而身安的觀點。吾人以為據前他與王瑤湖的問答，可見主意說的前識，但未成形，後觸及王心齋與陽明之學後，逐漸積累使之具體，其主意說還是以不慮而知的自然良知為基礎，又雖王棟自稱「自家體驗見得」。然而，此仍未損及其護衛王心齋之學的觀點，因就其文本的論述比重，護衛指導還是多於主意說。唐君毅認為誠意說可補格物致知商不足，除此之外，吾人以為主意、慎獨之說是欲修正王心齋的簡易之道，或是以靜態平制動態，是對泰州學理論的反省與察識，王棟提出「主意」與矯正王學以簡易的問題。他如何修正？他反對朱學之義理，但採用朱學的治學的方法。〔註12〕

王棟又向內深掘意識，他表述是一方面以義理為徑，提出心之主宰是「意」，確立「意」是寂然不動，反對意是心的發動，因動者是念，是屬於流行。另一方面，從字詞的形上，從心從立，中間象太極，圈中一點，這是主宰不依賴倚靠，他認為這也是有各種主張與規範的原因，也是聖狂的分際。在意與志是否相同，王陽明認為「志」是氣之帥也。但他是以先後上看，意在前，主意立後，志趨定，又以《大學》文脈與注釋：「志有定向」看，他認為志與意在義理上多都是主宰。誠意的工夫是慎獨，而獨是意的別名，而慎則是誠的用力。獨字他解釋為自做主張，自裁生化，這恰如魏晉時獨化論。慎

其為心齋先生門人也。顧以明位不顯，世無聞者。余游宦心齋故里，始得見其遺言而讀之」，王棟之學未能廣泛的傳遞，這可能是黃氏所未察識之處。見彭國翔，〈周海門學派歸屬辨〉，《浙江社會科學》，第4期，2002年7月，頁104～109。

〔註11〕見鄭志峰：《王學與晚明的師道復興運動》，北京：社會科學文獻出版社，2004年，頁216。

〔註12〕張克偉指出王棟對於朱子的批判，但未言王棟的治學方法。可參〈泰州王門巨擘——王一菴哲學思想抉微〉，《南昌大學學報》，第27卷，第2期，1996年6月，頁30～36。

字乃是據《中庸》的表述加以詮解為嚴敬不懈怠，不是針對私欲而論。又如，當他人據《遺錄》質疑王心齋在詮《大學》不言正心在誠其意，誠意在致其知，可見正心、誠意、致知各有工夫，此原因是什麼？他首先抗辯：「恐傳之或失其真」，他認為誠意、致知工夫是各別，而正心是突顯誠意的重要性一關係總要，良知真宰，自慊不欺，誠意是中，必然形於外，不獨內充其心。

　　他解王心齋之詩：「念頭動處須當謹」是立定主意再不妄動的意思，其預設是「乃決定自以為修身立本之主意也。」除此外，另有人提問與此有關，誠意足以立本，難道還須有正心工夫？他仍正面回答：「意是心之主，立本之意既誠，則心有主，故不妄動，而本可立，身可修。」（《王一菴先生遺集·語續集》卷一）從他的主意的理論上看，可以發現與江右聶豹主張「良知本寂」與羅念庵的主靜也相通，他以意「寂」為體制念的發用，江右主寂的目的是堅持收斂、歸根，而王棟是以主宰為目的，但又不同江右羅念庵「主宰即流行之主宰，流行即主宰之流行」，他嚴格區分意是中涵、自立，而念是情才是流行。王棟的「意」更近於王塘南注重專一和定向，相當於陽明的「志」，而王龍溪與聶豹則是意等同於念，注重隨意和變化，前者以定向性作用，使「應萬變而不施」，促使心之體的純淨，後者以隨任心體的發用流行或收斂，使心之體的自由。王棟對於慎獨的注解，表述出他反對「研幾」，而主張「心」的精神是生機不息，這與王塘南主張「透性為宗，研幾為要」是不同。

　　王棟對內在的要求是反身守約，及默識良知、主《禮》面對外界，當有對立或衝突則以高度的自我要求（不求人）為調節，此種即是以誠意之學為儒者德性的意識。透過主觀的克己復禮，自我的認同反而消融在高度的良知作用之中，又加上守約，使深化的內在（主意）與外在問題，就形成聖、俗相合的行為，故是以保護與指導的自我型態，特重自我的「正當性」效力。

三、耿定向主「虛實」：兼融並蓄

　　前兩種型態雖是直接授受，仍受相關往來的學派影響。於前第五章第二節中已論及耿定向，耿定向在〈觀生紀〉中自居是私淑弟子，他欣賞泰州學的理論是：「陸子靜有言：『可使不識一字凡夫立地作聖。』玩心齋先生良知旨，信立地作聖訣也。」〈新建侯文成王先生世家〉，他是經由與羅近溪〔註13〕

〔註13〕 他融受王龍溪的不犯手與王心齋的樂學，這近於王襞的取徑。他一方面把百姓日用即道做為第一層，說出以自然為宗的道、無私無慮的道，承繼百姓日

的交往，而瞭解泰州學，關係之密可由其批點《近溪子集》一事可知。若我們看《明儒學案》所列耿定向與耿定理所列前後，而黃氏收錄在〈耿楚倥論學語〉中還記述耿定向的行誼，其中有明確分辨耿定向、胡直與耿定理的學術主張：「胡廬山會天臺、楚倥於漢江之滸，相與訂學宗旨。天臺曰：『以常知為學。』廬山曰：『吾學以無念為宗。』楚倥曰：『吾學以不容已為宗。』」但黃氏有指出耿定向之學是以不容已為宗，由之我們必須考察兩人學術傾向是否相同，近人在研究有三種立場〔註14〕，吾人經第五章的考察，吾人以為據耿定向本身的思想內容細辨。

泰州學的反身理論發展到耿定向更趨於成熟，在他與鄒汝光的信函中透顯出「反身默識」的概念，他以莊子的「形者死矣，而所以形形者未嘗死也」在前者形的義涵一是有形的肉體，而後面形形是指前者形的本原。耿定向與王氏二人所關注的焦點不同，他更主張「由無達有，由有歸無」，都是造化化造自然道理。在〈與周柳塘〉〔註15〕書涵中，他往來的書信中，他常論及羅

用之道，即主張「捧茶即道」，以悟為先，也主良知樂體。據他自己的分析：「陽明之學得於覺悟，心齋之學得於踐履，吾以知為先。」《近溪子集》他是近於王龍溪從無入有在本體上用工夫，以無安排的當下識取、承當，並放下一切。近人研究多重其破光景之說，牟宗三認為其所要破的光景有二：一為「須拆穿那流行底光景（即空描畫流行），二為「須拆穿良知本身底光景（描畫良知本身）」牟宗三著，《從陸象山到劉蕺山》，（台北：學生書局，1979 年），頁287。又可見古清美，〈羅近溪悟道之義涵及其工夫〉，刊載於《臺大中文學報》，（台北：國立臺灣大學中文學系，2002 年 6 月）。

〔註14〕一是耿定向以常知，如鄭志峰，或是耿定向是不容已，如張學智；二是以兩者相近內容，如岡田武彥；三是不正視此問題，吳震、冀杰。雖黃氏已在介紹耿楚佳時提及李贄與兩人，又以他與耿定向訪劉初泉似要指出兩人不同。張學智認為不容已得於楚俊，但實是耿定向長期寒咀而未發。吾人同意，但以其學術不如耿定向的廣大為憑說明，吾人以為是其學術所宗不同。參見張學智：《明代哲學史》，北京：北京大學出版社，2000 年，頁 271～272。

〔註15〕在《耿天臺先生文集》中，從耿定向的書牘上看，書信往來的對象共有六十多位，其中通信最頻繁的是周柳塘（21 封），其次是胡廬山（11 封），再者是焦雄（10 封）、李卓吾（7 封）。另還有胡杞泉（5 封）、劉調甫（5 封）、劉養旦（4 封）、吳少虞（4 封）、羅近溪（4 封）、蔡見麓（3 封）、管登之（3 封）、楊復所（3 封）、鄒汝光（3 封）、王龍溪（2 封）等，前於第四章第二節已說明他們講會活動，再觀他們的書信往來，就能具體說明他們的交流的模式。周柳塘名思久，字子征，由耿天台介紹與楊復所，並拜其為師，與李贄、的學術傾向相近，這可於《焚書》與耿定向與其書信中或可見「聖人之道，由無達有；聖人之教，因粗顯精。」（《與周柳塘》）《明儒學案·泰州學案四·天臺論學語》、「卓吾寓周柳塘湖上，一日論學，柳塘謂：『天臺重名教，卓吾

近溪與李贄，他們當時關注於「性真」，亦是性命道德体的心之生機，心性一元論的理論，其曰：

> 學者須從心體盡頭處了徹，便知性之真體，原是無思無為知性之真體，無思無為便知上天之載原是無聲無臭，渾然一貫矣。所謂心體盡頭處者，蓋眾人所謂思慮未起，鬼神不知不睹不聞處也。近來自省於人倫日用，多少不盡分處乃語。學者云：吾人能于子臣弟友不輕放過，務實盡其心者，是其性真之不容自己也。性真之不容自己，原是天命之於穆不已，非情緣也。故實能盡心而知性知天一齊了徹矣。（《耿天臺先生文集‧書牘一》卷三）

這一方面對心體與性之真體在源頭是同一（無思無為）一上天之載（無聲無臭），另一方面是言意見上顯出分殊面：是眾人以為未發和他本身以為是已發的觀點，由此他重於社會人倫（子臣弟友）之處盡心以顯性真的不容自己，他重天道與人道相符：即是於穆不已。以渾淪之心表顯知天、知性，即以真性的行為存在顯出「實」，又以不容自己的流行義表述「虛無」，使天命收攝於見在良知內，以有顯無、以實為虛，這是佛家不同：以虛為虛、以無為無，是枯竭生機。耿定向以反身自省，而這與楚佳所言：「不容己者，從無聲無臭發根，從庸言庸行證果。禹、稷猶饑猶溺，伊尹之若撻若溝。視親骸而汲顯，喻嚄蹴而屑，見入井而怵惕，原不知何來，委不知何止，天命之性如也，故『於穆不已』。」（《明儒學案‧耿楚倥論學語》卷三十五）楚倥的表述是以歷史人物，或普遍的倫理事例舉說，他並非以自我反身的方式立說，是客觀的說理，這與耿定向不同。對於「無聲無臭」耿定向稱之真常，兩人都表述本體的未發，耿定向認為是本心，是不含色象名號、不為不欲。但耿定向自己分析與羅近溪在安身立命的看法是不同：近溪是無念，在日用受享人處，只是自然生機；他則是以「心體盡頭處」，是心體不容自己（天體），但兩人都是言詮是有所一貫：「無念之生機，乃是天體；天體之生機，即是無念」，指謂相同，但因言詮的有限，他認為須以個人合下反身「默契靈識」。

　　他循著程明道的思路，所揭提的「天理二字自家體貼出來」，這後面理論預設著「仁者渾然與物同體」。在本體未發時是無思無慮，事實上，晚明更看重的課題在於動機，當下直承（見在）與初心的聯繫是在「真」，有時在耿定

識真機。』楚倥誚柳塘曰『拆籬放犬。』」《明儒學案‧泰州學案四‧楚倥論學語》。

向給周柳塘的信函中，他們討論李贄、耿定理都關注於「識不識真」的問題，其曰：「余以繼往開來為重，而卓吾以任真自得為趣，則亡弟此誚兄，到今為會以矣。亡弟非訝兄輕余而軒卓吾也。蓋概兄之不識真也。」（《耿天臺先生文集·書牘一》卷三）耿定向的看法似乎不同，而力排兩人的觀點，這表述顯出他自識為儒者，是以承儒者道統，故力從儒家的源頭處指出孔孟之學是學求真，又觀〈與李卓吾〉，我們可更確切瞭解他的觀點，其曰：「余惟反之本心不容已者，雖欲堅忍無為，若有所使而不能；反之本心不自安者，雖欲任放敢為，若有所制而不敢。是則膚淺之綱領，惟求其不失本心而已矣。」（《耿天臺先生文集·書牘一》卷三）他持守以反身為重，以己所不欲勿施於人為重，所以不以任真自得。他企圖批判與撥亂反正當時學術的混淆以「妄」，對泰州學的後學，他作〈里中三異傳〉（何心隱、鄭豁渠、方湛一）。他基於自然即名教的立場看待社會人倫與道德自我的關係，其曰：

> 夫欲生真心也，而欲義甚於欲生，豈囿於名教耶！即呼蹴之食不屑於行道乞人，真機可識矣。……古先聖人識此真機，制為燕享交際婚喪之禮，非以為名也，所以達此真機也。自今言之仁義真心也。入孝出弟非真機耶！孔孟之明明德於天下者惟以達之耳。而卓吾以此止是弟子職事大人別有明德，豈此外別有真機耶！（《耿天臺先生文集·書牘一》卷三）

他以人的羞恥之心的例子說明，人有欲義更甚於欲生的傾向，他認為即是一種可見的「真」機，聖人制定人文制度也是出於此，可見耿定向不贊同脫離社會人倫而言真心，他一方面是針對李贄與當時友朋都迷蔽於佛書，而不得不對儒、佛之別進行辨〔註16〕識，在〈與周柳塘〉其謂：「吾儒之教以仁為宗，正以其得不容已之真機也。彼以寂滅滅已為真，或以一切任情從欲為真，可無辨哉！」（《耿天臺先生文集·書牘一》卷三）可見儒、佛雖都在於求真，但所稟持的核心價值是不同，「仁」是不容已之心，非是任情從欲。放任派以率性為據，然而又可發現他對於是率性的詮解，我們會發現他是以反身守約的觀點，他認為《中庸》不言性為道，而以率性之謂道，一般人多錯解其

〔註16〕他表明自己讀佛書的動機是「難以莊語不得不借此一發耳。余自謂不無郢書燕語而孟生有藥丸飴果之喻得我心矣。兄僅取余祖稱他人喻此，在名色分別者中仁與寂滅宗旨，此大關根處，兄卻略過不省何耶。」可能有人見其表述是以佛家的語彙，如也說「無念」，這話語是當時學術通用之語，由他嚴辨的態度上看，雖用此語詞，但所指涉的最終對象是不同。

意義，以為是任情為率性，而他對「率」的看法是統領之率，近似王棟的主宰之意，但因「有命」所以率之。

耿定向在真心之後，進而提出真我論，在〈真我說〉是透過涂山人〔註17〕少離學長生之術的體驗，「視其宗黨、兄弟父母與已不相涉，即形骸支體亦視為贅疣、幻妄，而嗒然忘矣。」他藉著真實人事之例指出人的局限，其云：「夫人之蔽於我也，錮矣。故必盡忘其累而後識真我，能識真我而後能無我，能無我而後知萬物之皆我。……跡山人所修為，若此亦可以觀人心之不容已者矣。即人心之不容已而生生之理可識也。」（《耿天臺先生文集·說》卷七）他藉事跡來提激黨里的人，似乎贊同以道家的心齋坐忘的方式，亦可以達到人心的不容已。由此可知，他不嚴於對於道、儒理論的分辨。

他亦提出「致曲說」與「用中說」，王心齋並未多加解釋，而他認為第一義還是以直心為惠，即常也，而至誠之德直而已，只是「意」作而迂回扭捏則曲而不誠，第二義致曲是曲能有誠，而形著動變化之因之也。這可見他不主「意」，是不同於王棟。他認為百姓日用皆中，是「常而不怪直而不曲」。這是真心理論所關注的對象與價值，回到人的本身。耿定向對於格物的看法，首先提出「知此身為天下本」，這與王心齋以修身為本似已轉置，他言「身」是不假外求，而是以「求仁」。他解釋仁是以孟子的「仁者人也。」推之識人就是識得此身，他認為仁之義是貫通溫公、朱子、陽明的格物之義。他以「仁」即不容已的性體，開放、統觀學者對格物解釋的分歧。

耿定向因早年亦學朱學，其與修證派的學者的學術相近，以致對於工夫的問題是相當重視，在〈窮理說〉一文中，有人問及陽明致良知和朱子窮理，他認為不該侷於朱子或陽明各自之說，特別對窮理的說明，其曰：「窮理字未可輕看，試看說簡窮字便是直窮到至盡至極處，……先正所云窮理，不是只向書冊上辨識得些話頭，就是實是要人反身究竟，直窮自己生身立命之原始，得即易云窮理盡性以至於命，便自可見。」（《耿天臺先生文集·說》卷七）他表述朱子的窮理不僅是對知識的追求，還是以反身體認，自身的立命之源。換言之，窮理是直到不能言處，不能著思議處，即是他稱的「默識」〔註18〕，

〔註17〕涂山人，諱永鑒，字汝公，別號純一道人。
〔註18〕在〈默識〉：「默而識之，識我也。我之所以為我者，渾然與物同體，原無我也。無我，則善與人同矣。是故視人之善，即我善也。舍己以學之不盡人之善，不容自已也。」《耿天臺先生文集·繹書》卷十）這相當於楚侗的克己概念：「無我。無我則渾然天下一體矣，故曰『天下歸仁』」。耿定向明確以強調

與楚倥明指「識天地之化育」不同。他認為窮理雖是支離，但他不排斥朱子之說，反而批評當時士人論學不自反於自身，並論陳自己正因尊信陽明之教，其云：「此老所窮者如此，其率而循之者便亦如此。……僕今反之於心，實自知魏負於晦老處多，而不敢訟言駁異其學者，正是尊信陽明先生教旨，而思以自致其知也。」《耿天臺先生文集·說·趙汝泉》卷六）或許這樣的傾向，讓他特別重視工夫，他重知體、求之以學，其云：

> 知是隨身貨，之尤是行之妙。（《明儒學案·天臺論學語》卷三十五）
> 知體透露出頭，不為聲色臭味埋沒，方能率令得耳目口鼻，使視聽言動各循其則，此即出世而後能經世也。（《明儒學案·天臺論學語》卷三十五）心體廣大神妙，豈可把捉囿於腔子方寸？其曰求，即求之學也。學，覺也。又曰：學以聚之，惟學則聚矣。此心之放，以昏昧而放也。（《明儒學案·天臺論學語》卷三十五）

對於知與心的關係是不同於放任派的不強調，甚至不重視；耿定向也不同於他們重心的知覺，而是以學是覺，修正心的昏昧。他亦如朱子晚年，將理和敬納歸於禮般，他觀察學術整體的發展，一方是針對當時王龍溪罔覺不知為真知真覺的「求真」說，另一方是出於悍衛儒家的儒者使命，提出以身體之、以行與事證之的實行工夫，認為不能「以意識見解承當，崇虛觬無」，所以要推「歸於實」，其謂：

> 愚謂主張斯學者須得如足下之偉志峻履、沖懷虛襟、以身體之、以行與事證之，乃是求真，即所謂信。今日所當為宗旨者，蓋信之於四德猶土之於五行，惟信則實有諸己，而仁義禮智皆本諸身而誠徵諸民，而安達諸事理而理矣。（《耿天臺先生文集·紀言·遇轟贅言》卷八）

在這力行以求真為信、為實有（仁義禮智），並引以《尚書》的檢證的方法，對反於虛。值得注意是，此工夫在日常言論德行上要求，在與李贄的書函中對於不容已的討論，他提到自己經驗，以為唯從平常實地上修証。他不主張玄妙高遠，而是要求個人自身的真真切切，反而其弟耿楚佳重愚與虛，以為是「禮」。

近人研究耿定向的主敬傾向，有不同看法，如楊天石認為是因晚明出現反道學、反禮教的傾向，才使耿定向欣賞〔註19〕。岡田武彥則以為是對現成

善與人同，是以人為重；與楚倥以天下。

〔註19〕楊天石：《泰州學派》，北京：中華書局，1980年，頁157。

派亞流之弊的憂慮，以及反對釋老異端的儒者自覺，把此當作辨難異端的一原則〔註 20〕。經前對耿定向的討論，吾人以為耿定向在學術上，多針對當時王學的問題、某些泰州學之流，與護衛〔註 21〕儒學的立場，如焦竑《澹園集‧天台行狀》與管東溟《惕若齋集‧問候先生道體書》，而在行誼上，卻也身置其弟與周遭好友是均以禪說為重，以反道學、反禮教的立場。倘若鑒於反身之說，他應該是重視或特別體驗到「慎」〔註 22〕的義涵，可由他對於楊復所提醒，其著文的嚴密，以免「泥其辭而逆其意」，和王龍溪勸誡「不可持論太高」，或對於鄭豁渠在人倫的行為以「父老不養，死不奔喪，有祖不葬」的斥責，看到他對言與行的要求。

在學術討論，他亦在〈與羅近溪〉書中強調自悟「慎」之理，再由〈慎術解〉〔註 23〕觀，張學智提出：「即心即道是他的本體論，即事即心是他的功夫論，慎術是他的知行論。」〔註 24〕這符合後設性系統性知識論的要求，但有此框架是否原即耿定向，此尚有彳直得商量之餘。吾人以為他是依自己的經歷指出所學的三個關鍵與階段：初解即心即道、已解即事即心、究須慎術，其曰：

> 蓋近世以學自命者，或在聞識上研究以為知，在格式上修檢以為行，即心即道者少矣。間知反觀近里者，則又多躭虛執見，知即事即心者尤少。抑有直下承當，信即事即心者，顧漫然無辨，悍然不顧，日趨於下達異流，卒不可與共學適道者，則不知慎術之故也。何者？離事言心，幻妄其心者也，固非學；混事言心，汙漫其心者也，尤非學。惟孟子慎術一章，參透這吾人心髓。即心擇術，因術了心，發千古事心之秘訣矣。豈不直截，豈不簡易哉！（《耿天臺先生文集‧解》卷七）

他提出個人的體驗，和面對每階段學術的現象而提出個人解決之方法：初期是如同一般學者（批評羅念庵），多不知即心即道，所以他暗含此時悟本體是的重要，自己當時也不瞭解。「已」解表述時間的「現在」和已經瞭解到

〔註 20〕岡田武彥：《王陽明與明末儒學》，上海：古籍出版社，2000 年，頁 196。

〔註 21〕耿定向亦用「衛道」一語詞，在〈與內翰楊復所〉第三書中。

〔註 22〕慎本義是「謹」解，乃小心細心以任事之意，又以真為誠實無欺之意；慎乃誠心認真以任事。在賈誼《新書‧道術》：「偍勉就善謂之慎」以敬事赴善。

〔註 23〕在《明儒學案》中，黃宗羲指出不容已是其學之宗旨，相參《耿天臺先生文集》之文，我們可以發現黃氏將〈慎術解〉部份的內容前後相接，其中有相當之省略，並非耿氏之全言。

〔註 24〕張學智：《明代哲學史》，北京：北京大學出版社，2000 年，頁 275。

即事言「心」（孟子）的重要性，透過他與泰州學的各個學者往來，發現相近的學者是以虛為重，不瞭解即事即心，有以離事言心，高談理想，如王龍溪、李贄，還有一種是直下承當，信即事即心者，混事言心，如何心隱。這表顯出他之前是以「性即理」為宗，現在才深刻瞭解到「心即理」。第三個階段是皆事故皆「心」，似如華嚴宗的理事圓融，耿定向強調心的本源性與判斷、指向性，而有所分殊，如有大人與小人之事，而心、事、人依判於心，他提出學術的異同：孔子之學，「不必別為制心之功，未有不仁者」，自然日用之道；而不是孔子之學雖為仁，「有不容不墮於矢匠之術者」，是特意不自然，其實這隱含他自己的價值取向，亦提揭與選擇所學的重要，最終要表達他特別注意至「終極」處，而以敬重學術的態度，看待與儒不同的學問或方法。

從而，影響他對於佛理與語言的接受，但也嚴辨不落入出世，擇理融通兩者。就如在〈與胡盧山〉之書中，他提出儒家學說特質是「有常中妙，費而隱，自合體察」為宗，基此使之不同：「高明者往往入於一種高明之魔，竟使眼前中庸之道掬為蕪芥！曰道之不行也，智者過之，非謂是耶。」（《耿天臺先生文集‧書》卷三）或同於〈示諸生〉一書函有相同的見解，學者往往是高者以虛無，而百姓日用則以卑者繁縛，他欲修正此現象，他以「仁」是欲人反求而得其所以為人者，實際以「仁」的原理提出「識仁」，於是他從儒學內部尋找良方（自家這個真身），即同時肯定朱（主敬，禮）、王（良知，智）之學，不同於一般學者以為出於王學必排朱，在形式上是批評虛以歸實，然真正的目的是回至於「中」，是以兼綜為立場。

儒家以良知來表述人的明覺，或許該稱為仁的直覺是恰當，以一種感通的模式：「無」、「有」意識活動的辯證，所產生的「中」的價值態度。耿定向對外以良知的不容己（仁心）的感通和主《禮》，對內則以默識良知、反身守約，當有對立或衝突則採內外相綜立場，呈顯出當下的自尊自重與社會的規範的調和，於是以兼綜和諧的自我型態，特重於自我的「真誠性」效力。泰州學之學所被詬病是主張見在良知又不做工夫（修養），即是自由放任派，而保衛指導則是針對此點，特別強調於意上做工夫。耿定向的自我觀是主張「無當於心」、「以不容己」，是綜合兩者之偏：一是重「真實性」，一是重「正當性」，而兼綜相合為「真誠性」。耿定向代表正統道學與李贄展開激烈的論辨，兩人的立場正是對儒學內部理論的討論。

四、李卓吾主「真空」：走向異端〔註25〕

在我們所掌握的文獻中，在目前對於李贄的研究評價褒是多於貶，而其備受爭議之處是在儒、佛之辨的立場。有學者對於其提出「識真空」與百姓日用之道的觀點相融，學者多認為它是徹底的禪化。在〈答鄧石陽〉一書函中，李贄將「真」與「空」相並為一概念，而「空」是佛家的語言表述，是一種境界，李贄謂：

> 穿衣吃飯，即是人倫物理，除卻穿衣吃飯，無倫物矣。世間種種皆衣與飯類耳，故舉衣與飯而世間種種自然在其中，非衣飯之外更有所謂種種絕與百姓不相同者也。學者只宜於倫物上識真空，不當於倫物上辨倫物。故曰：『明於庶物，察於人倫。』於倫物上加明察，則可以達本而識真源；否則只在倫物上計較忖度，終無自得之日矣。支離、易簡之辨，正在於此。明察得真空，則為由仁義行；不明察，則為行仁義，入於支離而不自覺矣。……所謂『空不用空』者，謂是太虛空之性，本非人之所能空也。若人能空之，則不得謂之太虛空矣，有何奇妙，而欲學專以見性為極則也耶！所謂『終不能空』者，謂若容得一毫人力，便是塞一分真空，便是染了一點塵垢。此一點塵垢便是千劫繫驢之橛，永不能出離矣，可不畏乎！世間蕩平大路，千人共由，萬人共履，我在此，兄亦在此，合邑上下俱在此。若自生分別，則反不如百姓日用矣。（《焚書‧書答》卷一）〔註26〕

在這段的表述中，蘊涵著王心齋〔註27〕幾個重要主張：百姓日用、本末

論與王襞的自然之謂道。李贄接著王襞曾曰:「饑殖渴飲,夏葛冬裘,至道無餘蘊」的說法,他從兩方面論述,一是普遍性的立場,他將「穿衣吃飯」等同於人倫物理是泛論日用之道,也將百姓日用之道推至極端,認為百姓日用是一種生理之道。一是分殊性的立場,他以學者立說,是要以「倫物上識真空」,即是以超驗性,而不以經驗為主,明察於本源。「識真空」、「識真源」是要通向自得,不於倫物上計較,是一種境界。他強調明察則是工夫,即可「由」(自作主宰)事而行,不明察則是行仁義而支離,可見他重視以明察為易簡之道,表面層是將朱、陸學術特質相錯:朱以窮理為重故陸言其是支離,而陸以立乎其大,朱言其易簡;深一層論,他不以格物窮理的工夫表述,而以明察的本體表述。

他的真空〔註28〕與「不真空論」〔註29〕是不同,雖然他並未明確指出真空是什麼義涵,以空不用空言性和終不能空言心去間接表述的方式說明,它是在於一毫人力之後相蘊而出,有與塵垢(心)相接產生,可知真空是相反於自然,是一種反面、消極。這隱含他反對專以見性論,若又相參「若自生分別,則反不如百姓日用」。又據另一封〈復丘若泰〉書函,其曰:「豈容一毫默識工夫參於其間乎?是乃真第一念也,是乃真無二念也;是乃真空也,是乃真纖念不起,方寸皆空之實境也。」(《焚書·書答》卷一)從以上他的表述可知,它實際上是指純本體,心之未發之處,他不以動靜表述,而是以空之實境,又或他說的真空本體是「妙明真心」,其云:「吾之色身,洎外而山河,遍

明臭,名儒死節狥名者乎!最高之儒,狥名已矣,心齋老先生是也。一為名累,自入名網,決難得脫,以是知學儒之可畏也。」(《續焚書·與焦漪園太史》卷一)他批評儒者被名所制,即使王心齋、龍溪、近溪都是。

〔註28〕所謂真空在佛教所講的為高精神本體,是與事物現象不相離,即是「清淨本原」。

〔註29〕魏晉時,僧肇提出「物不遷」、「不真空」、「般若無知」、「涅槃無名」四論,此外還有「宗本義」,始見於陳小招提寺慧達的「肇論序」所述。四論合而為一,稱為「肇論」。在這篇論文中歸納作「心無」、「即色」、「本無」三家,並且隨加破斥,然後陳述他自己的不真空義。他以宇宙萬法都屬虛假,依因緣生,即是不真,也即是空。既不是真生,即非是有。但萬事萬象都已經呈現,也不能說是無。非有非無,所以稱為不真空。但森然萬象雖非真實,而由真體起用,即用即體,所以說「立處即真也」。參見於 http://www.buddhismcity.net/master/details/123 也是一種「這種有非無的論點,似乎是貴無崇有兩派採取折衷調和的態度,而實際上是想追求一種更加神祕的絕對的虛無觀念體,從而論證物質世界的虛幻。」http://thinker.nccu.edu.tw/bigi/must-take/C-History/90.10.09_2.htm

而大地，並所見之太虛空等，皆吾妙明真心中一點物相耳。」（《焚書・解經文》卷四）耿定向已不以良知言，而是如羅近溪以當下的赤子之心，認為真心即童心，是「絕假純真，最初一念之本心。」童心也就是初心是不由聞見和讀書而來，其曰：「夫道理聞見，皆自多讀書識義理而來也。古之聖人，曷嘗不讀書哉！然縱不讀書，童心固自在也，縱多讀書，亦以護此童心而使之勿失焉耳，非若學者反以多讀書識義理而反障之也。」（《焚書・童心說》卷三）他認為一切聞見道理是有礙於童心，不同於陽明與王心齋以義理為良知，也不同耿定向不容已為真心。以童心為檢證標準，其曰：

> 天下之至文，未有不出於童心焉者也。苟童心常存，則道理不行，聞見不立，無時不文，無人不文，無一樣創制體格文字而非文者。……然則六經、語、孟，乃道學之口實，假人之淵藪也，斷斷乎其不可以語於童心之言明矣。（《焚書・童心說》卷三）

他甚至懷疑儒家經典的真理性是童心，而認為那是史官過度褒崇，臣子所讚美，或是弟子記憶師說，隨其所見記錄成之於書，後人未細察，便聲稱出於聖人之口，或自行決定為經。這與王心齋與泰州學等學者是相距甚遠，即便是何心隱、羅近溪和耿定向等對於儒家經典都是持以肯定，不曾懷疑。

李贄不僅批判儒家經典，還針對儒學理論的基礎進行批判：一對禮教，二對儒家經典，三對孔子權威[註30]。在〈答耿中丞〉一書，他對禮教制度的批判，他認為貪暴的君王固然是擾民，而所謂仁者也是害民，「仁者」以天下之失所也而憂，而汲汲欲貽之以得所，反而以德禮限制心，以刑政控制人的行為活動，其謂：「於是有教條之繁，有刑法之施，而民日以多事矣。」（《焚書・論政篇》卷三）他在〈答以女人學道為見短書〉中表述肯定男女才智的平等，進而讚許卓文君對於婚姻的自主。他更強烈批評所謂假道學下的偽君子，曰：「往往見今世學道聖人，先覺士大夫，或父母八十有餘，猶聞拜疾趨，全不念風中之燭，滅在俄傾。無他，急功名而忘其親也。此之責，而反責彼出家

〔註30〕楊天石認為耿定向對李贄思想的反撲主要集中在三個問題：一是對孔、孟和孔孟之道的態度，二是對若干封建道德的態度，三是對人性的態度。在《焚書》中共有五封是給耿定向的信，其中〈又答耿中丞〉書中李贄認為耿定向「索之於形骸之內，曉曉焉欲以口舌辯說渠之是非。……蓋渠之學主乎出世，故每每直行而無諱；今公之學既主於用世，則尤宜韜藏固閉而深居。」又在另一封〈答耿中丞論淡〉亦同見李贄對於出世還是經世的觀點是兩人的論爭焦點之一，這也顯示出儒家的經世如何能客觀視事的問題。《泰州學派》，北京：中華書局，1980 年，頁 160～166。

兒，是為大惑，足稱顛倒見矣。」（《焚書・復鄧石陽》卷一）這顯露出他批判
的角度，儒家有功名與孝的衝突，又還以孝之名責備佛家，或在〈又與焦弱
侯〉一書指出假道學家們的言行是「口談道德而心存高官，志在巨富；既得
高官巨富矣，仍講道德說仁義自若也」（《焚書・書答》卷一）他批評當時假道
學的虛偽與欺騙，這是他童心說所不贊同的「假」，他批假乃是為能顯現其所
重之「真」道學的內涵。

　　另外，他對孔子之學的定位，被一般儒者視為驚世駭俗的見解，他反對
「以孔子之是非為是非」，正因是非是隨時改變，而真理是變動不定，所以不
該視孔子之言是定論，或許我們藉由耿定向與李贄兩人的討論〔註31〕上瞭解，
會更清楚他的論點。在〈答耿中臣〉書云：

> 此公所得於孔子而深信之以為家法者也。僕又何言之哉！然乃孔氏
> 之言也，非我也。夫天生一人，自有一人之用，不待取給於孔子而
> 後足也。若必待取足孔子，則千古以前無孔子，終不得為人乎？……
> 夫孔子未嘗教人學孔子，而學孔子務捨己而必以孔子為學，雖公亦
> 必以為真可笑矣。（《焚書・書答》卷一）

　　他表述兩人的觀點的不同，耿定向是深信孔子之學，李贄不依於孔子之
學，他主張「一人之用」不仿效或靠傳統之學，又據孔子之言的內容未要人
學孔子，而是「為仁由己」他認為一昧追求當孔子將會失己，而孔子之學就
成為束縛的教條。近人學者〔註32〕依此為據，指出李贄是以聖凡平等的意識，
對孔學的神聖化的地位解構，所以他言：「雖孔夫子亦庸眾人類也」（《焚書・
答周柳塘》卷一）。李贄對於儒家是不認同，可由他對於司馬談論儒家的評論
中的表述可知，他認為其評「以博而寡要、勞而少功」是至當不易之定論，而
他提出墨、法、縱橫等家是「皆有一定之學術，非苟苟者，各周於用，總足辦
事」，甚至提出儒者是「千萬世之儒皆為婦人」（《藏書・世紀列傳總目後論》）
可見他對異化的儒家是痛惡其欺世盜名，而李贄眼中認為耿定向也是此種道
學家，一方面針對學術以執己自，一方面則對其言行檢視，其曰：

> 若謂公之不容己者為是，我之不容己者為非；公之不容己者是聖學，

〔註31〕在袁中道的指陳出李贄對於著書一事的態度，其曰：「公素不愛著書。初與耿
　　　　公辯論之語，多為掌記者所錄，遂裒之為焚書。」《焚書・李溫陵傳》。
〔註32〕林子秋、馬伯良、胡維定：《王心齋與泰州學派》，成都：四川辭書出版社，
　　　　1999年，頁306。

我之不容已是異學：則吾不能知之矣。公之不容已者是知其不可以已，而欲其不已者，為真不容已；我之不容已者是不知其不容已，而自然不容已者，非孔聖人之不容已：則吾又不能知矣。……試觀公之行事，殊無甚異於人者。人盡如此，我亦如此，公亦如此。自朝至暮，自有知識以至今日，均之耕田而求食，買地而求種，架屋而求安，讀書而求科弟，居官而求尊顯，博求風水以求福蔭子孫。種種日用皆，為自己身家計慮，無一釐為人謀者。……翻思此等，反不如市井小夫，身履是事，口說是事，作生意者但說生意，力田作者但說力田。鑿鑿有味，真有德之言，令人聽之忘厭倦矣。（《焚書·答耿司寇》卷一）

李贄僅以是非之心看待一切，所以與其不同皆是為非，兩者的不容已的差異是在有無義利之別的前提，耿定向是以傳統儒家的「仁心」、義利觀下表述不容已，孟子以來即有重義輕利的價值觀，而知不可為而為之，是具體的行為表現；李贄是則無言「仁心」、義利之別，以人自然的行為，他一面是反對耿定向的不容已，另一方面肯認鄒東廓「其妙處全在不避惡名以救同類之急」。李贄對不容已的執判其實還是在具體的行為：認為耿定向未救何心隱一事〔註33〕。李贄善於論辯，故能以其矛攻其盾，以公利與私利分判耿定向的行為，認為其多重於自利，還高談道德，是不如一般百姓的言行。他暗隱的批評今人不知反身之理「全不知己之未能，而務以此四者責人教人。所求於人者重，而所自任者輕。」從耿定向的理論內容上，反身之論是相當重要，但李贄卻認為他未做到。近人研究認為李贄是主張肯認私欲的精神〔註34〕，但在他對於耿定向的抨擊是以出世的立場指責耿氏之私，又觀他著〈高潔說〉、〈答鄧明府〉中自認為：

且愚之所好察者，邇言也。而吾身之所履者，則不貪財也，不好色也，不居權勢也，不患失得也，不遺居積於後人也，不求風水以圖

〔註33〕李贄實未見何心隱，但對於何心隱相當景仰，而他著《何心隱論》評其曰：「吾謂公以『見龍』自居者也，終日見而知潛，則其勢必至於亢矣。然亢亦龍也，非他物比也。……公宜獨當此一爻者，貝瑞胃公為上九之大人可也。」（《焚書·雜述》卷三）雖然他在〈答鄧明府〉指出何心隱之事之緣由，但對於耿定向未援救何心隱之事仍耿耿於懷。

〔註34〕譚兵，〈試論李贄心學的啟蒙精神〉，《燕山大學學報》，第1卷，第4期，2000年11月，頁56。

福蔭也。……吾且以邇言證之：凡今之人，自生至老，自一家以至
萬象，自一國以至天下，凡邇言中事，孰待教而後行乎？趨利避害，
人人同心。是謂天成，是謂眾巧，邇言之所以為妙也。（《焚書·答
書》卷一）

由這段表述可知他自身對於私利的看法，他所批評的是「今之人」，而不
是他贊成，反而是他所要批判。在〈賈誼〉一篇，他對董仲舒「正其誼不謀其
利」的批評中獲悉，他認為董仲舒既欲明災異，是基於計利避害的原故，若
是不計其功，則不須明災異，而是自相矛盾，其謂：「且夫天下曷有不計功謀
利之人哉！若不真實知其有利益於我，可以成吾之大功，則烏用正義明道為
耶？」（《焚書·讀史》卷五）這表述顯現出他懷疑功先於利的觀點，而以為功
利的關係是兩行，並不是董氏與賈誼所強調「利不可謀」。此顯現出李贄所重
視「實事求事」，不是耿定向所主的「即事即心」。但又直言真空，相較於耿定
向不言空，而以虛實，這說明他又往前推向禪化。

前已論述，他反對儒的觀點，乍見在《續焚書》中，有「三教歸儒」的主
張，實際上他表陳儒、道、釋之學在初期都是以聞道為宗旨，各家都視富貴
若浮雲、糞穢、若虎豹之在陷阱，他認為所不同在於：「此儒、道、釋之所以
異也，然其期於聞道以出世一也。蓋必出世，然後可以免富貴之苦也。……
今之欲真實講道學以求儒、道、釋出世之旨，免富貴之苦者，斷斷乎不可以
不剃頭做和尚矣。」（《續焚書·說彙》卷二）他的表述一面表露他對於富貴的
排斥，一面提出他認為三教目的是聞道，但各家對富貴的觀點也形成對出世
的深淺不同，但他表層論美其名是三教歸儒，實則更重視歸向於佛的出世，
而三教歸一是對於富貴超越。在《續焚書·與焦漪園太史》一文中，他列舉宋
明儒者其說能光大者都與道、佛有些許〔註35〕關係，其實是要證呈其思想的
正統性，其所重的泰州學之人是趙貞吉與羅近溪，或是浙中王龍溪，而不以
王棟，可見其意。有學者〔註36〕認為李贄是以儒統合道、儒，但據前他對於
儒家的批判，與尋宋明儒者與道、佛的關係，吾人以為他更重視其所認知的

〔註35〕左東嶺以此說明李贄的思想是泰州之狂與龍溪之圓。按前面其對王心齋、龍
溪、近溪的批判，吾人以為他是為其思想找支柱與根據，或說以心學為伍之
據。〈順性、自適與真誠——論李贄對心學理論的改造與超越〉，《首都師範大
學學報》，總第 132 卷，2000 年 1 月，頁 81～82。
〔註36〕張克偉雖引黃仁宇之說以其未排道德，仍不足說明李贄的立場。〈李卓吾眼中
的傳統儒學〉，《湖北大學學報》，1996 年 4 月，頁 5。

「真」道學：三教歸一。

　　李贄一面批判，又一面自認，他提出「識真空」究其義涵是佛家，而童心的提出，乃針對孔子與仁的內涵對儒家的源頭批判。他強烈的區分「出世」與「經世」的不同，但更以出世的超脫為主，認為唯有離富貴，就有自然的不容已，亦才能顯現「真心」。他重於自我的「真誠性」效力，又以出世為依歸，故阻斷家庭與社會的交往，故其真誠性的效力不同於耿定向以入世。李贄指出儒家理論的問題，是對漢儒與宋儒的窄化的禮教的批判，他顯現出他夾處儒、佛之間的衝突〔註37〕，於是提出「真道學」立教。

　　綜上，泰州學之學自我觀的型態可發現王心齋理論內部的問題，和兩階段所重的議題的不同，並且當泰州學於其他王門之學交流時，所產生不同的發展。有鑑於此，我們必須審視王心齋與泰州學的理論問題。

第二節　中晚明儒者對王心齋與泰州之學的質難

　　本節試以檢視各方對於王心齋與泰州學的質難，不預設立場性，以當時學者的討論與質疑相互觀照，一方可促使課題顯化，另一方面以分層的討論可發現到課題是否相同或轉變，如此對中晚明的儒學問題更能切實的把握。

一、對王心齋的質難

　　在此以《明儒學案》的資料為據，審視對王心齋有質疑之處，並討論他們的觀點有何同異。在此，中晚明儒者討論的內容與課題，概可分區分為：格物之辨與自然主宰之辨。以下展開此論：

（一）格物之辨

　　首先，對於王心齋的批判是出於陳九川，以護教者的立場所提出質疑，他認為陽明學既以良知學的本體，亦含括格物的工夫，那還須由王心齋再增述工夫的部份，陽明已有具體明確的教誨，可據此通往成聖之標的；這一方

〔註37〕在《初潭集·序》指出他自認為是儒者，其曰：「夫卓吾子之落髮也有故，故雖落髮為僧，而實儒也，是以首纂儒書焉，首纂儒書而復以德行冠其首。然則善讀儒書而善言德行者，實莫過於卓吾子也。」又據〈題孔子像於芝佛院〉一文他先指出眾人都依從父師之教，所以尊儒而排老、佛，而後表述在佛院供孔子像的理由，其曰：「余何人也，敢謂有目？亦從眾耳。既從眾而聖之，亦從眾而事之。」（《續焚書·雜著彙》卷四）

面，間接說明王心齋的五十五歲的玩《大學》，才是他實際的格物致知的觀點，另一方面；也顯現王門學者有一批尊信師學如陳九川般的信徒，另有一學群，則是對師學以反省的繼承如王心齋，故王心齋面對責難是自私，其云：

> 先師所以悟入聖域，實得於《大學》之書，而有功於天下後世，在於古本之復，雖直揭良知之宗》而指其實下手處，在於格物，古本《序》中及《傳習錄》所載詳矣。豈有入門下手處，猶略而未言，直待心齋言之耶？惟其已有成訓，以物知意身心為一事，格致誠正修為一工，故作聖者有實地可據。而又別立說以為教，苟非門戶之私，則亦未免意見之殊耳。（《明儒學案‧江右王門學案四‧明水論學書》卷十九）

> 心齋晚年所言，多欲自出機軸，殊失先師宗旨。豈亦微有門戶在耶？慨惟先失患難困衡之餘，磨礱此志，直得千聖之祕，發明良知之學，而流傳未遠。諸賢各以意見携和其間，精一之義無由睹矣。《明儒學案‧江右王門學案四‧明水論學書》卷十九）

陳明水對王心齋的《大學》中的詮解不同於陽明，他認為王心齋是出於私為另立門互的原故，而自立一說。他認為王心齋晚年之想自立，並且與其他王門之人的意見使陽明學說的精一喪失，以致王學不能流傳許久。黃宗羲〔註38〕將泰州列於王門之外，或許是基於此原因，此乃基於反對者的觀點；另外，與王心齋相近的學者，仍有不同見解：與泰州同被列於王門之外的李見羅，他肯認王心齋之學出於陽明之學，在他與王心齋之門人董燧的書信中表露無遺，其曰：

> 有水焉，本無汙也，只合道得一個清字，不可云有清而無濁也。清濁對說，必自混後言之。善惡對說，必由動後有之。告子學問非淺，只為他見性一差，遂至以義為外。何以明之？公都子曰：「告子曰：『性無善無不善也。』」以無善無不善為性，正後儒之以無善無惡為心之體也。在告子則闢之，在後儒則宗之，在釋氏則謂之異端，在後儒則宗為教本。惟鄙論似頗稍公，而友朋之間，又玩而不信也。公者何？即所云諸所論著者，無一而非聖學之真功，而獨其所提揭者，以救弊補偏，乃未愜孔、曾之心。要吾輩善學先儒者，有志聖

〔註38〕從黃宗羲的從學與後其讀書的過程，前受學於劉宗周，但後期著書時閱讀大多是陽明之書，可見其潛意識是尊陽明。

學者，學其諸所論著，學聖之真功可也，而必併其所提揭者，不諒其救弊補偏之原有不得已也，而直據以為不易之定論也，可乎？心齋非陽明之徒乎？其學聖之真功，心齋不易也，未聞併其所提揭者而宗之不易也。雙江非陽明之徒乎？其聖學之真功，雙江不易也，亦未聞併其所提揭者而宗之不易也。今而敢廢陽明先生學聖之真功，則友朋間宜群就而議之矣。苟未廢學聖之真功，而獨議其所提揭也，則心齋、雙江兩先生固已先言之矣。歸寂非雙江旨乎？而修身為本，則非鄙人所獨倡也。常有言匹夫無罪，懷璧其罪；貧子說金，人誰背信，僕今日之謂也。僕少有識知，亦何者而非陽明先生之教之也。念在學問之際，不為其私，所謂學公。學公，言之而已矣，求之心而不得，雖其言之出於孔子，未敢信也，亦陽明先生之教之也。《明儒學案・止修學案・答董蓉山》卷三十一）

　　李見羅以水喻道，在源頭處是清，是沒有混，相應即是清，不能只言清不言濁，因清與濁是相對而生，是因混濁。他又以告子之說為論據，說明自己是出於以救弊補偏，不是不宗於孔、曾之學。而救弊補偏之說是不能為直接的定論，而要以學聖之真功為定論，而此定論即是將兩者之說相提並論。他為自己的主張辯護是源於王心齋的修身與聶豹的歸寂，不是他單獨倡導，他的主張是出於陽明之教，他只是因學術，不以門戶之私，而提出自己的論點，他是基於陽明之教。由之，若基於自立門互一事為立基，而批判王心齋是不夠充份。在唐鶴徵就無門互之見，而以學術主張提出對於王心齋的格物的質問，其言：

東萊氏曰：「致知格物，修身之本也。知者，良知也。」則陽明先生之致良知，前人既言之矣。特格物之說，真如聚訟，萬世不決，何歟？亦未深求之經文耳。論格物之相左，無如晦菴、陽明二先生，然其論明德之本明，卒不可以異也。私欲之蔽，而失其明，故大人思以明其明，亦不可以異也。則格物者，明明德之首務，亦明明德之實功也。陽明以心意知為物而格之，則心意知不可謂物也。晦菴謂事事物物而格之，則是昧其德性之真知，而求之聞見之知也。涑水有格去物欲之說，不知物非欲也。近世泰州謂物物有本末之物，則但知身為本，天下國家為末之說，皆可謂之格物，皆可謂之明明德乎？必不然矣。《詩》云：「天生蒸民，有物有則。」孟子曰：「物

交物則引之而已。」則凡言物，必有五官矣。則即格也。《明儒學案·
南中王門學案二·桃溪箚記》卷二十六）

唐鶴徵是以質疑格物之意在前理學家呂東萊已指出，而王陽明又相同的
提出，他責此乃出於未閱經典。他認為朱王在本體上都以明德，是由於私欲
而不明，陽明是針對此不明而提。他一方指出陽明之誤是以心意知為物而格
之，而朱子是之誤昧其德性之真知以見聞為重點涑水又錯把物為欲，而王心
齋是格是「格式」之格，即是「絜矩之道」，即是恕道，度所以為方之道，但
唐鶴徵引《詩》、《孟子》證明「格」，認為若言物是五官，而王心齋是試圖調
和《大學》與《中庸》，當然王心齋若是以百姓日用之道為主張，以《詩》、《孟
子》為證是合理，兩人之別是一方以言物以格之義涵，一方是以人為言格。
透過唐氏我們也可見朱王之別雖都言人，但一人重於事物求，一是重心上求。
而唐氏與涑水兩人所關切的對象反而是相同，而與王心齋不同，可見其誤解
王心齋。

（二）自然主宰之辨

實而言之，有關自立門互一事的責難，似乎王門之後並不是單是王心齋
而已，又從胡今山〔註39〕。提到陽明之後各弟子所主的良知各有側重，他是
以王心齋之學而論。他表述當時以王龍溪、王心齋、劉師泉、聶文蔚各立門
互，因此良知的論爭由之而起，他不以門互之見質疑，而是瞭解各方的學術
主張，他指出王心齋的學術之弊，其曰：

先生曰：「先師標致良知三字，於支離汩沒之後，指點聖真，真所謂
滴骨血也。吾黨慧者論證悟，深者研歸寂，達者樂高曠，精者窮主
宰流行，俱得其說之一偏。且夫主宰既流行之主宰，流行即主宰之
流行，君亮之分別太支。汝中無善無惡之悟，心若無善，知安得良？
故言無善不如至善。《天泉證道》其說不無附會，汝止以自然為宗，
季明德又矯之以龍惕。龍惕所以為自然也，龍惕而不怡於自然，則
為拘束；自然而不本於龍惕，則為放曠。《明儒學案·浙中王門學案

〔註39〕 胡瀚，字川甫，餘姚人。支湖鐸從子也。自幼承家學，動必以禮。年十八，
從陽明先生遊，論及致良知之學，於是日從事於求心，悟「心無內外，無動
靜，無寂感，皆心也，即性也。其有內外動靜，寂感之不一也，皆心之不存
為故也」。作《心箴圖》以自課。就質於陽明，陽明面進之。先生益自信，危
言篤行，繩簡甚密。

五·教諭胡今山先生瀚》卷十五）〔註40〕

　　在陽明之後良知學就分化為四：王龍溪是慧者，以證悟無善無惡；聶豹是深者，以研歸寂；王心齋是達者，以樂高曠主自然；劉師泉是精者，以主宰流行。胡川府是以歸寂的立場，對王龍溪質問，也同時指出王心齋的自然。他提到當時季彭山曾提出以「主宰」救正王心齋的「自然」。王陽明所言的「主宰」是強調心體，所言的「自然」是注重發用〔註41〕，季彭山不贊成同門諸君子僅以流行為本體之意，認為那只徒然玩弄光影，最後歸之於「畫一者無所事」，所以他乃提出主宰的主張，其謂：「今之論心者，當以龍而不以鏡，龍之為物，以警陽而主變化者也。」《明儒學案·浙中王門學案三·知府季彭山先生本》卷十三）他表述以為實有（為以龍喻物），不要以虛無（為喻鏡），即以警惕（主宰）而變化（流行同為是一歷程之意）。胡川府論辯兩者：論本體上季氏的自然是以理氣的系統〔註42〕，不恰如王心齋以心即理的發用，則反而是框架；但在修証工夫上，如王心齋以心的順暢是不本於考索而得者，則會流為放曠。對於主宰與自然的討論還有龍溪與鄒東廓，曰：

> 理自內出，鏡之照自外來，無所裁制，一歸自然。自然是主宰之無滯，曷常以此為先哉」？龍溪云：「學當以自然為宗，警惕者，自然之用，戒慎恐懼未嘗致纖毫之力，有所恐懼便不得其正矣。」東廓云：「警惕變化，自然變化，其旨初無不同者，不警惕不足以言自然，不自然不足以言警惕，警惕而不自然，其失也滯，自然而不警惕，其失也蕩。」先生終自信其說，不為所動。（《明儒學案·浙中王門學案五·教諭胡今山先生瀚》卷十五）

季彭山以內外之別說明理與鏡之照的關係，如無制約則是失去警惕而不能變

〔註40〕在《黃宗羲全集》一書在〈浙中學案五〉內缺漏未錄胡瀚，而可據臺灣中華書局之版本。

〔註41〕「指其主宰處言之謂之心」《王陽明全集》、「自然明覺發見處」《王陽明全集》。

〔註42〕少師王司輿，（名文轅）。其後師事陽明。先生之學，貴主宰而惡自然，以為「理者陽之主宰，乾道也；氣者陰之流行，坤道也。流行則往而不返，非有主於內，則動靜皆失其則矣。」其議論大抵以此為指歸。夫大化只此一氣，氣之升為陽，氣之降為陰，以至於屈伸往來，生死鬼神，皆無二氣。故陰陽皆氣也，其升而必降，降而必升，雖有參差過不及之殊，而終必歸一，是即理也。今以理屬之陽，氣屬之陰，將可言一理一氣之為道乎？先生於理氣非明睿所照，從考索而得者，言之終是鶻突。《明儒學案·浙中王門學案三·知府季彭山先生本》卷十三）。

化，自然就是以警惕而主變化的不阻礙，他認為不能為先；然而王龍溪則認為學開始先以自然為主，警惕是在發用之際，正因人有戒慎恐懼，他主張純粹（加絲毫著力），否則便會產生有所恐懼便不能得至忡正之道，前兩人一視域都以先後為述，但理解的對象不同：一是以事理，一是以為學，雖兩者並不是嚴重的衝突，但對象會使觀念有所不同。鄒東廓折中兩者之見，從體用關係上，認為本體之原初的義涵警惕變化與自然變化是相同，到作用時兩者該相互為助，則會產生重警惕偏自然則其失是阻礙，而重自然偏警惕則其失是入狂蕩。

綜前所述，乍看胡川府的看法雖是近於鄒東廓，但還是與鄒氏不同，他的觀點是與王龍溪相同，透過他間接的表述與季氏的自己表陳論點，可相互參證雙方的觀點。又據胡川府所舉出劉師泉亦是主張主宰流行，我們再觀其劉師泉的觀點，其云：

> 伯玉不以昭昭申節，冥冥墮行，感應之著察者也。原憲之克伐怨欲不行，著察之感應者也。念念謹念，其知也遷，念念一念，其知也凝。顏子不善未嘗不知，知之未嘗復行，主宰流行，明照俱至，猶之赤日當空，照四方而不落萬象矣。曰：「明道之獵心復萌，何也？」曰：「斯固顏子之學，過而不成念者也。未嘗嬰明體而起知端。」曰：「然則曾子之易簀，得於童子之執燭，非嬰明體而起端乎？」曰：「猶之日月雲渝空照一也。蓋良知流行變通，有定徙而無典常，曾子之以虛受人，又非過焉改焉者可論也。」曰：「其謂得正而斃焉，何也？」曰：「正無定體，唯意所安，是故學莫踰於致知，訣莫要於知止。」（《明儒學案。江右王門學案四·劉師泉易蘊》卷十九）

劉師泉更細微深入的看到出於是「念」的工夫，伯玉是以感應的存察，原憲是以存察的感應，以致兩人的本體有不同：前者是因念念謹念，其知是遷移，而是冥冥墮行，後者念念一念，其之是專注，而是克伐怨欲。劉師泉以顏子為例，說明本體的明照、主宰流行，不落於現象。又以程明道的提問獵心的萌發，指出顏子不是在念上下工夫，而是過而不成念，顏子不是明體而有知的開端。依此，又以曾子之例發問，其作《易簀》，難道不是因童子執燭而起。劉師泉認為良知是流行變通，既有固定的遷移，又不是經常不變，即是曾子的虛以待人。又續問曾子之說，劉師泉再總結是本體是無定體，只有「意」之所安，故為學是以知止為方法，而不是在「念」上求致知。劉師泉所

言的主宰流行的主張是更細辨意與念的分別，以意上知止為宗，這是同於王
心齋的觀點，一般人多以為王心齋以立本論，而未深探知止是立本論的基石，
這隱約如王棟主意的觀點。劉氏與王龍溪都針對為學，但本體上表述一是以
無定體、主宰流行、明照，一是以自然，工夫一是意上下工夫以知止，一是因
戒慎恐懼以警惕為發用，鄒氏的觀點在本體上自然主宰並舉與劉氏所言，但
在工夫上鄒氏以主宰與自然的相輔為用，與劉氏的特於「意」上安。鑒此，各
學者對於自然與主宰在體用或本體工夫的表述，雖因論談的角度不同而以為
其是不相融；其實在為學觀點，王龍溪與劉氏的觀點是不相衝突，而鄒氏與
劉氏在本體上不矛盾，但於工夫兩人就有分岐：鄒氏在此含有變化，而劉氏
主不變。季氏在主宰是警惕以變化，劉氏主宰流行是有定徙而無典常，前者
未分意與念，而後者分別且重於以意。其實，季本是以理一與分殊的觀點看，
我們另又再觀楊時喬（止菴 1531～1609），其曰：

> 夫天之生人，除虛靈知覺之外，更無別物，虛靈知覺之自然恰好處，
> 便是天理。以其己所自有，無待假借，謂之獨得可也；以其人所同
> 具，更無差別，謂之公共可也。乃一以為公共，一以為獨得，析之
> 為二，以待其粘合，恐終不能粘合也。自其心之主宰，則為理一，
> 大德敦化也；自其主宰流行於事物之間，則為分殊，小德川流也。
> 今以理在天地萬物者，謂之理一，將自心之主宰，以其不離形氣，
> 謂之分殊，無乃反言之乎？佛氏唯視理在天地萬物，故一切置之度
> 外。早知吾心即理，則自不至為無星之秤，無界之尺矣。先生欲辨
> 儒、釋，而視理與佛氏同，徒以見聞訓詁與之爭勝，豈可得乎？陽
> 明于虛靈知覺中，辨出天理，此正儒、釋界限，而以禪宗歸之，不
> 幾為佛氏所笑乎？陽明固未嘗不窮理，第其窮在源頭，不向支流摸
> 索耳。至於欲目反觀，血氣凝聚，此是先生以意測之，於陽明無與
> 也。（《明儒學案·甘泉學案六·諡潔楊止菴先生時喬》卷四十二）

楊時喬認為天與本體是虛靈知覺的自然是一種恰好處（中），是天理。是
己所獨得具有，不須假借，而且是人人所共具，是公共。若進行分析則使合
為分，則不能再為合。理一是心的主宰是大德，分殊是主宰流行於事物之間
是小德，理一是以天地萬物者，不離形氣是分殊，這與季彭山是理內分殊為
外是不同，在心之主宰重理一，而季氏先主宰後以自然。楊時喬的理一是以
心、天地萬物者相近於王心齋，以萬物一體之仁為底蘊的自然通向性體的活

潑，但分殊上楊時喬以形氣之說，而王心齋以「鳶飛魚躍」表述，兩人的觀點
有異曲同工之妙。據此，再透由楊時喬論儒、佛之辨，可知他雖為甘泉學派
之人，但他的立場是親於陽明者。

二、對泰州的質難

以《明儒學案》的資料為據，審視對泰州學有質疑之處，並討論他們的
觀點有何同異。一般對明代的研究是無法跨越《明儒學案》此巨著，而《明儒
學案》的觀點也影響許多學者對於泰州學的論定，或許我們該透過後設的方
式瞭解，會能更客觀的瞭解泰州學。

（一）情識或玄虛

最先提出這兩個名稱的是明末的劉蕺山，他在〈證學雜解·解二五〉中
說：「嗣後辨說日繁，支離轉甚，浸而為詞章訓詁。於是陽明子起而求之，以
良知一時喚醒沉迷，如長夜之旦，則吾道之又一覺也。今天下爭言良知矣。
及其弊也，猖狂者參之以情識，而一是皆良；超潔者蕩之以玄虛，而夷良於
賊。」鄭宗義認為蕺山雖首先提出「參之以情識」、「蕩之以玄虛」，卻未明指
出對象。後來他的學生黃宗羲在編寫《明儒學案》時便確切地指責的對象為
浙中王龍溪與泰州之顏鈞、何心隱及李贄〔註43〕。在《明儒學案·師說》劉
蕺山其實已引指方向〔註44〕。黃宗羲又隱含著不贊同周海門的《聖學宗傳》，
因他是在儒、佛之辨的意識。他又隱含著宋明理學的道統的方式編著〔註45〕。

〔註43〕 參閱鄭宗義著，《明清儒學轉型探析——從劉蕺山到戴東原》，香港：中文大
學，2000年，頁8、頁9及頁35註11。

〔註44〕 「王門惟心齋氏盛傳其說，從不學不慮之旨，轉而標之曰「自然」，曰「學樂」，
末流衍蔓，浸為小人之無忌憚。羅先生後起，有憂之，特拈「收攝保聚」四
字，為「致良知」符訣，故其學專求之未發一機，以主靜無欲為宗旨，可為
衛道苦心矣。或曰：「先生之主靜，不疑禪歟？」曰：「古人主教皆權法，王
先生之後，不可無先生。吾取其足以扶持斯道於不墜而已。」況先生已洞其
似其而出入之，逃楊歸儒，視無忌憚者，不猶近乎？趙、王、鄧三先生，其
猶先生之意歟？鄧先生精密尤甚，其人品可伯仲先生。」〈羅念菴洪先·趙大
洲貞吉·王塘南時槐·鄧定宇以讚〉（師說）。

〔註45〕 云：「夫子既焉不學，濂溪無待而興，象山不聞所受。然其間程、朱至何、王、
金、許，數百年之後，猶用高曾之規矩，非如釋氏之附會源流而已。故此編
以有所授受，分為各案；其特起者，後之學者不甚著者，總列諸儒之案」《明
儒學案發凡》。

一般研究都忽略此段的表述〔註46〕，引顧端文論何心隱之見又反對，認為利欲是何心隱的學術：「儀、秦之學」，其實他僅提何心隱，在學案中對顏山農義行還是肯定：「頗欲有為於世，以寄民胞物與之志。」，他認為耿定向是：「儀、秦亦虧見得良知妙用處，但用之於不善耳。」，而李贄未專列於學案，僅於論述耿定向與耿定理時提到，而劉靜之〔註47〕在《緒言》中，引其批判儒學之言：「有利于己，而欲時時囑托公事，則稱引萬物一體之說；有害于己，而欲遠怨避嫌，則稱引明哲保身之說。使君相燭其奸，不詐囑托，不許遠嫌避害，又不許稱引，貝隨學之情窮矣。」（《明儒學案・東林學案三》卷六十）他認為這麼嚴格之辨反而是使道學之情陷入困境。黃氏評其「疾惡之嚴」但於道學之情上他可能不如李贄。另外，再據胡直《困學記》的觀點，其言：「仲夏，李石鹿公（諱春芳，字子實，興化人。官元輔。）延予過家，訓諸子，因盡聞王心齋公之學，（諱艮，字汝止，安豐場人，陽明先生高弟子。）誠一時傑出，獨其徒傳失真，往往放達自恣，興化士以是不信學。久之熟予履，乃偕來問學立會。」（《明儒學案・江右王門學案七》卷二十二）他認為王心齋之學無疑，而是其徒讓其失真，以放達自恣，所以興化的學者不從於泰州，他所指其徒應該是韓樂吾。其實黃宗羲不僅對泰州有此觀點，還評論南中學派的黃五岳：「以情識為良知，失陽明之旨甚矣。」（《明儒學案・南中學案一》卷二十五）基此，黃宗羲對於泰州之學是以情識，為「儀、秦之學」、放達自恣為質疑。再者，我們可以透過晚明東林學派學者所討論的內容與課

〔註46〕「陽明先生之學，有泰州、龍溪而風行天下，亦因泰州、龍溪而漸失其傳。泰州、龍溪時時不滿師說，益啟瞿曇之秘而歸之師，蓋躋陽明而為禪矣。然龍溪之後，力量無過於龍溪者；又得江右為之救正，故不致十分決裂。泰州學之後，……傳至顏山農、何心隱一・派，遂復非名教之所能羈絡矣。……義以為非其聰明，正其學術也。所謂祖師禪者，以作用見性。諸公折翻天地，前不見古人，後不見有來者。釋氏一捧一喝，當機橫行，放下柱杖，便如愚人一般。諸公赤身擔當，無有放下時節，故其害如是。……今之言諸公者，大概本登州之《國朝叢記》，金州蓋因當時妾書節略之，豈可為信？義考其派下之著者，列於下方。〈前言〉」（《明儒學案・泰州學學案》卷三十二）黃氏認為當時對泰州的瞭解是透過登州之《國朝叢記》的節略的二手資料不足信，而其重新考察。季芳桐考證，他認為「大致相同，只是詳略之異，而兩人挾人索金之事是黃文中沒有記載。」《泰州學派研究》，南京大學歷史系博士論文，2000年，頁69註3。黃氏駁反王世貞的記述，而是從學術論，認為何心隱是「蓋一變而為儀、秦之學矣。」。

〔註47〕劉永澄，字靜之，揚州寶應人。東林學派學人。

題，看泰州學的疑難，在相參當時學者的提問與觀點，他們關注的泰州問題。

（二）東林學派的質疑

從東林學派的學者對於泰州的批判，多集中於泰州的「利欲」，由黃宗羲的導述和斷章取義引前半部的話語，讓我們以為東林不重「利」，反而藉他們的質疑中發現東林學派的義利觀，又或是否僅針對何心隱呢？顧憲成乃主持東林書院與東林的靈魂人物，其見解主導著整個學派，他首先對泰州質難，其云：

> 何心隱輩，坐在利欲膠漆盆中，所以能鼓動人者，緣他一種聰明，
> 亦自有不可到處。耿司農擇家僮四人，每人授二百金，令其生殖，
> 內一人從心隱問計，心隱授以六字曰：「一分買，一分賣。」又益以
> 四字曰：「頓買零賣。」其人用之起家，至數萬。試思兩言，至平至
> 易，至巧妙，以此處天下事，可迎刃而解。假令其心術正，固是有
> 用才也。（《明儒學案‧東林學案一‧小心齋箚記》卷五十八）

一般研究者多著重前半，而忽略東林的評論是：「試思兩言，至平至易，至巧妙，以此處天下事，可迎刃而解。假令其心術正，固是有用才也。」由從顧憲成的表述直接肯定泰州的「處天下事」，或今之所言「治事」，必須是採平易、技巧的方法，他更重視的是「心術」的正與否，和「有用」之才，間接表露德術兼備的價值。顧憲成的表述也讓我們瞭解在商言商所要求是公平交易，此也是讓黃宗羲指判何心隱乃儀、秦之法，這也同時揭示何心隱的觀點衝撞著傳統儒者的觀念與義利觀，儒者身於法家式的政治內，對儒、法價值的選擇而產生觀念的衝突。

其次，東林對李贄的質難，在前已述李氏批判儒家的立場是與王心齋不相應，且王心齋對於道德、儒典、孔子都相當敬重，李贄反而主以批判。史玉池即對他的教法與教理提出質問，其謂：

> 往李卓吾講心學于白門，全以當下自然指點後學，說箇箇人都是見
> 見成成的聖人，纔學便多了。聞有忠節孝義之人，卻云都是做出來
> 的，本體原無此忠節孝義。學人喜其便利，趨之若狂，不知誤了多
> 少人。後至春明門外，被人論了，纔去拿他，便手忙腳亂，沒奈何，
> 卻一刀自刎。此是殺身成仁否？此是舍生取義否？此是恁的自然？
> 恁的當下？恁的見見成成聖人？自家且如此，何況學人！故當下本
> 是學人下手親切工夫，錯認了卻是陷人深坑，不可不猛省也。（《明
> 儒學案‧東林學案三‧論學》卷六十）

在史玉池的表述，他是以實求以其人其學的相符，他從李贄臨事的態度檢證其學，他質疑「個人都是見見成成的聖人」的看法，認為那是鼓動人不作工夫，以為便利即可得，而以迎合人的利欲的心理，他不反對當下（現成）之論，但是由於隨意指點而言「當下」，無系統或指正可讓學者細辨，容易使學者誤以為不用親身下工夫。史玉池也質問李贄對道德的輕蔑，他認為道德平時即要存養，而在關頭處把持，其曰：

> 夷狄地方，全是不恭不敬地方，是關頭盡處。此處不棄，則當富貴貧賤，造次顛沛，威武死生時後，決不走作了，纏是真工夫，纏是真本體，纏是真自然，纏是真當下。其實不異那飢食困眠，然那飢食困眠的自然處，到此多用不著了，如何當下得來？」（《明儒學案·東林學案三·論學》卷六十）

史玉池表述著道德的真正體驗是於臨事之時，也就是關鍵於道德的擇取，此時能不違背平時所知所言，即是「真」本體工夫。他隱含的指出道德不是於言說之中，而是在行為活動當下，他以李贄為例，其實是質疑他的「真」誠，他以更嚴格的標的學術與言行須相符應，否則僅是圖以「欲利」而已。而李贄對於百姓的影響，還可於江右學者的表述中看到，有許多楚人跟隨其，使當地風俗丕變，而江右劉元卿問鄒穎泉，其曰：「劉元卿問於先生曰：『何近日從卓吾者之多也？』曰：『人心誰不欲為聖賢，顧無奈聖賢礙手耳。今渠謂酒色財氣，一切不礙，菩提路有此便宜事，誰不從之？』」（《明學儒案·江右王門學案一·穎泉先生語錄》卷十六）對李贄以「人人皆可為聖」僅言本體的現成，不提習氣之礙，不重工夫，僅言自然，隱含鄒穎泉以為是禪（菩提）。

東林以正統儒者自居，以上可知他們並不排斥泰州自然、現成、日用的理論〔註48〕的，是因顧氏也身於商人世家，背景相似，但還是以上層知識份子，不同於王心齋的平民身份，故其更重於學術，所以採用泰州的理論，甚至以此為尺，試圖去檢證其理論的可行性。當然是於有所揀擇之下，他們對

〔註48〕古清美研究《顧涇陽、高景逸思想之比較研究》一書以《明儒學案》為據而論學派，而對王學的批判，指出「直到泰州學派下周海門方大闡天泉證道無善無惡之旨。」對於周海門是否為泰州門人，彭國祥研究其判為王龍溪之門，吾人以為其據甚是，故不列入討論。然而，周海門所引發的議題，亦非歸於本論。在此值得注意，此書認為東林「即事即學」是在嚴格的「理」字出，而不同於泰州的「心即理」，但在第三章即指出王心齋仍是以「理」。在此須明辨。古清美：《顧涇陽、高景逸思想之比較研究》慧菴存稿二，台北：大安出版社，2004年，頁93、133~134。

於晚明時學術傾向憂。在於儒、佛之辨，而不是黃氏的儒、法之別，其曰：

> 余弱冠時好言禪，久之，意頗厭而不言，又久之，恥而不言，至於
> 今，乃畏而不言。羅近溪於此最深，及見其子讀《大慧語錄》，輒呵
> 之。即管東溟亦曰：「吾與子弟並未曾與語及此。」吾儒以理為性，
> 釋氏以覺為性。語理則無不同，自人而禽獸，而草木，而瓦石，一
> 也。雖欲二之，而不可得也。語覺則有不同矣。是故瓦石未嘗無覺，
> 然而定異乎草木之覺，草木未嘗無覺，然而定異乎禽獸之覺，禽獸
> 未嘗無覺，然而定異乎人之覺，雖欲一之，而不可得也。今將以無
> 不同者為性乎？以有不同者為性乎？（《明儒學案・東林學案一・小
> 心齋箚記》卷五十八）

顧憲成的表述指出羅近溪、管東溟（耿定向之徒）之例，說明自身與儒
者對禪是如何態度，羅氏是以阻止，管東溟卻未分辨，而他主張嚴辨所以提
出「吾儒以理為性，釋氏以覺為性」，他認為儒是由人到動物、草木、瓦石而
為一體，此是萬物一體之仁的理論，或民胞物與的觀點，認為性是無不同，
此隱含著自然之性的論點，基此，我們能曉其是何理論為儒、佛之辨的根據。
他對於管東溟除不辨佛外，還對於其人性論有所質疑，其謂：

> 管東溟曰：「凡說之不正，而久流於世者，必其投小人之私心，而又
> 可以附於君子之大道者也。」愚竊謂無善無惡四字當之。何者？見
> 以為心之本體，原是無善無惡也，合下便成一個空。見以為無善無
> 惡，只是心之不著于有也，究竟且成一個混。空則一切解脫，無復
> 掛礙，高明者入而悅之，於是將有如所云：以仁義為桎梏，以禮法
> 為土苴，以日用為緣塵〉以操持為把捉，以隨事省察為逐境，以訟
> 悔遷改為輪迴，以下學上達為落階級，以砥節礪行，獨立不懼，為
> 意氣用事者矣。混則一切含糊，無復揀擇，圓融者便而趨之，於是
> 將有如所云：以任情為率性，以隨俗襲非為中庸，以闇然媚世為萬
> 物一體，以枉尋直尺為捨其身濟天下，以委曲遷就為無可無不可，
> 以猖顯無忌為不好名，以臨難苟安為聖人無死地，以頑鈍無恥為不
> 動心者矣。由前之說，何善非惡？由後之說，何惡非善？是故欲就
> 而詰之，彼其所占之地步甚高，上之可以附君子之大道，欲置而不
> 問。彼其所握之機緘甚活，下之可以投小人之私心，即孔、孟復作，
> 亦奈之何哉！（《明學案・東林學案一・小心齋箚記》卷五十八）

自昔聖賢兢兢業業，不敢縱口說一句大膽話，今卻不然，天下人不
敢說底話，但是學問中人說以心性之虛，見為名教罪人者多矣。（《明
儒學案・東林學案一・論學書・與管東溟》卷五十八）

　　兩則原文，我們看見顧憲成不贊成心性之虛，並且對於無善無惡的理論
是反對，從他對管東溟的話語，他認為管東溟以無善無惡的本體，即是空，
誤以為心體不著於有，而「究竟〔註49〕後是為混雜。而以為空，這即是羅近
溪所言「光景」。他對於以空為據，所產生的行為活動，所衝擊整個名教綱常，
他以「意氣用事」、「以任情為率性」、「枉尋直尺捨其身濟天下」、「以隨俗襲」、
「以猖狂無忌為不好名」此表述，是對於王學的末流所質疑，但也間接反應
出他所護衛與其主張。他雖以學術為重，但此學術是預以名教的立場，批評
二王之末流。劉宗周對於「無善無惡」的觀點，可見黃宗羲記載，有讀《人
譜》，有疑無善二字者，其云：

先生曰：「人心止有好惡一幾，好便好善，惡便惡不善，正見人性之
善。若說心有個善，吾從而好之，有個不善，吾從而惡之，則千頭
萬緒，其為矯揉也多矣。且謂好惡者心乎？善惡者心乎？識者當辨
之。」〈會語〉

　　劉宗周對於無善的詮解，他從價值的角度看，是出於人心的「好惡」，孟
子曾言：「可欲謂之善」，因此他以好是好善，惡則反之。他是基於人性善的
理論提出。他認為無善無惡是千頭萬緒反而是矯揉，應該要明辨，而黃宗羲
闡明其師的觀點，其曰：

《人譜》謂「無善而至善，心之體也」與陽明先生「無善無惡者，
心之體」之語不同。陽明但言寂然不動之時，故下即言「有善有惡，
意之動」矣。先生此語，即周子「無極而太極」也，以「至善」換
「太極」二字，更覺親切。人本無善，正言至善之不落跡象，無聲
無臭也。先生從至善看到無善，善為主也；周海門言「無善無惡，
斯為至善」，從無強名之善，無為主也。儒、釋分途於此。（《明儒學
案・蕺山學案・會語》卷六十二）

〔註49〕在中晚明學者常以此話語表述，《正字通・穴部》：「究，竟也」乃是窮盡。而
　　　　「究竟工夫」一語也於王學中常見，在陽明「究竟」是一種盡頭，終極的關
　　　　懷。在朱子是「窮理」的思維下，此究之字義，推尋也。竟乃是窮也，終也。
　　　　按此，深入探求或鑽研。

　　黃宗羲他據《人譜》一書，試圖一方面，澄清陽明「無善無惡者，心之體」乃是寂然不動之意，另一方面說明劉宗周是以至善為宗，是以至善到無善，是宗於善，是不同於陽明，但兩者都是儒。他認為周海門是主「無為」，是為釋。綜前所述，劉宗周與顧憲成的觀點，都指出情識和玄虛的問題，一是整體觀宋明學術，另一則是針對王學無善無惡之論，可見所重不同，亦也隱含兩者志學的傾向。

　　再者，觀劉宗周之師許孚遠〔註50〕的表述，當時主張「無善無惡」為宗還有周海門，可見晚明充斥對於此說的質難，不僅透過顧憲成在儒、佛之辨與管東溟的話語。甘泉許敬菴也主張不可言「無善無惡不可為宗」，然以其觀點卻能襯托出顧憲成的觀點，其言：

> 南都講學，先生與楊復所、周海門為主盟。周、楊皆近溪之門人，持論不同。海門以無善無惡為宗，先生作《九諦》以難之。言：「文成宗旨，元與聖門不異，故云性無不善，故知無不良，良知即是未發之中，此其立論至為明析。無善無惡心之體一語，蓋指其未發廓然寂然者而言之，則形容得一靜字，合下三言始為無病。今以心意知物俱無善惡可言者，非文成之正傳也。」〔註51〕（《明儒學案·甘泉學案五·侍郎許敬菴先生孚遠》卷四十一）

　　許敬菴認為陽明「無善無惡」，是言良知於未發之中，是以性善為論，而無弊病，但他認為周海門是混同心意知物，才言無善惡，所以此弊不出於陽明，乃是後學之誤。雖其所作《九諦》乃針對周海門，而周海門作《九解》以

〔註50〕許孚遠（1535～1604），字孟仲，號敬菴，浙江德清人。受學於唐樞，為湛若水二傳弟子。為學主張以克己為要，著有《原學》、《與胡廬山先生論性書》、《論學書》、《敬菴堂集》，其門生有馮從吾、劉宗周。

〔註51〕黃氏乃引諦八於許孚遠之紹述之中。「《諦》八云：王文成先生致良知宗旨，元與聖門不異。其《集》中有「性無不善，故知無不良。良知即是未發之中，即是廓然大公，寂然不動之本體，但不能不昏蔽於物欲，故須學以去其昏蔽。」又曰：「聖人之所以為聖人者，以其心之純乎天理，而無人欲之私也。學聖人者，期此心之純乎天理，而無人欲，則必去人欲而存天理。」又曰：「善念存時，即是天理。立志者，常立此善念而已。」此其立論，至為明析。「無善無惡心之體」一語，蓋指其未發廓然寂然者而言之，而不深惟《大學》止至善之本旨，亦不覺其矛盾于平日之言。至謂「有善有惡意之動，知善知惡是良知，為善去惡是格物」，則指點下手工夫，亦自平正切實。而今以心意知物，俱無善惡可言者，竊恐其非文成之正傳也。」（《明儒學案·泰州學案五·九解》卷三十六）。

伸其說，可見許敬菴是更清楚細微的辨察，針對無善無惡提出儒典、儒者的觀點，不含意氣之評，如他在〈諦二〉、〈諦三〉即針對道德一源，提出《中庸》的「中正」、《易》的觀點〔註52〕，並提出性「善」乃為天下之大本。再據，許敬菴〈諦九〉〔註53〕的觀點，他認為問題不出於陽明，而所持以「無善無惡」之論者，乃是基於天泉證道的四無之說，亦非源於王心齋之論，而是王龍溪言「顏子、明道所不敢言」反使陽明蒙受其冤。

又觀，當時許敬菴曾去信質疑羅近溪，其謂：

> 所謂透性與未透性云者，不知從何處分別？為是見解虛實耶？為是躬行離合耶？為是身心枯潤耶？為是論說高卑耶？《易》言「美在其中，而暢於四肢，發於事業」，《孟子》言「根心生色，睟面盎背，四體不言而喻」者，此真透性之學。若以知解伶俐，談說高玄為透性，某方恥而不敢，翁更何以教之？（《明儒學案·甘泉學案五·論學書·簡羅近溪》卷四十一）

〔註52〕《諦》二云：宇宙之內，中正者為善，偏頗者為惡，如冰炭黑白，非可私意增損其間。故天地有貞觀，日月有貞明，星辰有常度，嶽峙川流有常體，人有真心，物有正理，家有孝子，國有忠臣。反是者，為悖逆，為妖怪，為不祥。故聖人教人以為善而去惡，其治天下也，必賞善而罰惡。天之道亦福善而禍淫，積善之家，必有餘慶，積不善之家，必有餘殃，自古及今，未有能違者也。而今曰無善無惡，則人安所趨舍者歟？（《明儒學案·泰州學案五·九解》）

《諦》三云：人心如太虛，元無一物可著，而實有所以為天下之大本者在。故聖人名之曰中，曰極，曰善，曰誠，以至曰仁，曰義，曰禮，曰智，曰信，皆此物也。善也者，中正純粹而無疵之名，不離氣質，不落知見，所謂人心之同然者也，故聖賢欲其止之。而今曰無善，則將以何者為天下之大本？其為物不貳，則其生物不測，天地且不能無主，而況于人乎？（《明儒學案·泰州學案五·九解》）

〔註53〕《諦》九云：龍溪王子所著《天泉橋會語》，以四無四有之說，判為兩種法門，當時緒山錢子已自不服。《易》不云乎，「神而明之，存乎其人；默而成之，不言而信，存乎德行。」神明默成，蓋不在言語授受之際而已。顏子之終日如愚，曾子之真積力久，此其氣象可以想見，而奈何以玄言妙語，便謂可接上根之人？其中根以下之人，又別有一等說話，故使之扞格而不通也。且云：「汝中所見是傳心秘藏，顏子、明道所不敢言，今已說破，亦是天機該發，世時豈容復秘，？嗟乎！信斯言也，文成發孔子之所未發，而龍溪子在顏子、明道之上矣。其後四無之說，龍溪子談不離口，而聰明之士，亦人人能言之。然而聞道者，竟不知為誰氏！竊恐《天泉會語》畫蛇添足，非以尊文成，反以病文成。吾儕未可以是為極則也。（《明儒學案·泰州學案五·九解》）

他表面上是與羅近溪討論學述,以一面提問,一面回答,他引以《易》、《孟子》說明透性,是一種體驗之知,反對以智巧知解,或高談玄理,深究是質疑羅近溪為何「知解伶俐,談說高玄為透性」,而王心齋亦認為「是道也,非徒言語也,體身心然後驗矣。」《遺集·答侍御張蕙岡》可見羅近溪之弊。而此,流弊是晚明時整個學述,亦是李贄所批判,充斥著假道學之人,曹貞予〔註54〕描繪當時講學的景況〔註55〕,對其亦提到羅汝芳,其曰:「羅近溪逢人問道,透徹心體,豈不可尚?而闊略處,亦誠其病,乃學者得其闊略以為可,便其私也。(《明儒學案·諸儒學案下二·論講學書·答李贄宇》卷五十四)他認為羅近溪主隨處問道,討論心體的透徹,即是一種寬闊而疏略的泛論,他是不贊成。或許我們透過許孚遠對於陽明之學的發展的觀察與評論,可更清楚各學的心,性之弊,其曰:

> 姚江之派復分為三:吉州僅守其傳,淮南亢而高之,山陰圓而通之,而亢與圓者各有流弊,顏、梁之徒,本於亢而流於肆;肝江之學,出於亢而入於圓;其後姚安者出,合圓與肆而縱橫其間,始於怪僻卒於悖亂,蓋學之大變也。(《昭代紀略》卷五)

他細辨認為王門以鄒東廓是守成,而王心齋(淮南)與王龍溪(山陰)各自的流弊,而王心齋後學:顏鈞、何心隱是亢而流肆,羅近溪是亢而圓,而耿定向圓與肆。由其所論,王學末流所指多是泰州後學,但深究其理論不僅出於泰州,還與王龍溪之學相交,此實乃二王之學因交游而相互融攝,不能

〔註54〕曹于汴,字自梁,平陽安邑人。
〔註55〕「夫道無之是非,無人弗足,講學以明道,士農工賈,皆學道之人,漁牧耕讀,皆學道之事。隆古無講學之名,其人皆學,故無名也。國家以文學取士,天下學校,無慮千百,章縫之士,無慮萬億,蓋令其日講所謂時習,所謂孝弟,所謂性命仁義,而以淑其身,待天下之用也。乃人心不古,遂有口耳活套,掇拾粉飾,以為出身之媒,師以是教,上以是取,恬不為異,非其質矣。而於立身行政,毫無干涉。於是君子厭薄其所為,而聚徒講道,人遂以道學目之。若以為另是一種,豈不惑哉?然講學之中,亦或有言然而行不然,而藉是以干貴人,捷仕徑者,而其名為道學也,是有口耳活套之實,而更美其名,人誰甘之?則群起而相攻,而講者益寡,道益晦矣。太抵所學出於實,則必闇然自修,不論大節細行,一一不肯放過,雖力量不同,未必盡無疵,而不自文以誤人也。所學出於名,則有張大其門面,而於其生平未純處,亦曲為言說,而謂其為道。夫夷之隘,不害其清;惠之不恭,不害其和,然亦何必曰此隘,此不恭,正道之所在,而陋孔子於下風乎?」(《明儒學案·諸儒學案下二·論講學書·答李讚宇》卷五十四)

單獨以泰州之學簡稱。唐君毅提出問題：泰州是否亦屬龍溪一路〔註56〕。泰州學的精神究竟何在，亦不易論也。依吾人之意，若與其他王門之學相較而論，當說泰州學的精神，是直以面對吾人一身之生活生命之事中講學。此非謂其他王門之學，不關生命生活之事。但在其他王門之學者，大皆先重此心之為身與生命生活之主宰，而重在於心之意念上求警惕、戒懼、歸寂，或見良知本體，究一念靈明，以為工夫。

　　泰州之心齋，則直以安身標宗。安身自亦須以心安身。然言以心安身，則重在心之向在此身上事，而非重在心之向於其自己。此即與其他直重在心上用工夫之學，有毫厘之差。唐君毅以為黃宗羲謂其開臨難苟免之際，他認為泰州並非是個人功利主義，其舉知此身與家國天下互為根據以存在。乃以此由本成末，為人之成其明德，自致其良知，以明明德於天下，使天下人皆得自致其良知之道。故此人之明明德於天下，即人之所以自安其身，而使其心之良知得其安樂之道。倘若不以王學之學為質難，王時槐亦提出他觀察當時偽良知的問題是：「學者以任情為率性，以媚世為與物同體，以破戒為不好名，以不事檢束為孔顏樂地，以虛見為超悟，以無所用恥為不動心，以放其心而不求為未嘗致纖毫之力者多矣，可嘆矣！」（《明儒學案·江右學案五》卷二十）王時槐認為儒者迎佛理入，混淆儒佛之別，以境界言本體工夫。不陷溺於儒、佛的選擇，蛻為一居於天地之間的人而言，以學術或名教之禮序，都不是究竟個人生命的價值取向。然此，或許仍自居是儒者，還是以仁心投入社會教化與投入生命的過程。

　　綜上，針對王心齋與泰州的質難，有是以學術的，如格物、自然主宰、無善無惡論，亦有非學術性，如門戶，此皆展示出中晚明學術思想的課題與脈動之一，各學派對於不同學術的討論，亦反映出宋明理學發展至晚明儒學的轉折，由陽明倡講學到心學走向經世的發展，亦顯露中晚明學術與社會的互動關係：道德自我與社會人倫的衝突與和諧，同時儒學內部理論也因之重整，如晚明東林學派與劉宗周，促使儒學內部反省理論轉變可迎向另一階段：一是以學輔政，以清議的方式，積極參與政治監督；一是回歸於學，以著書的方式，影響士人有志於學。

〔註56〕在《中國哲學原論──原教篇》唐君毅全集卷17，台灣：學生書局，頁383〜384。

第七章　聖人與經世

　　在第五章王心齋儒式社會的建構，是立基於儒家重要的價值核心，一種儒者所追求的生命歸宿，而能促使儒者們有共同的願景。又於第六章所討論的泰州學的型態與後來晚明學者的批評，東林學派認為泰州後學管東溟心性觀的偏移，不再是以孟子的性善而滑轉成告子的無善無惡論，使之人性下落到以自然之質為重。或許我們藉由深層儒家的聖人境界與經世〔註1〕的實踐，看其問題或許可以找到問題的癥結。從他們所表述的「聖人」觀中，可以瞭解到他們對於聖人與聖學的定義與詮解上是否有歧異，亦藉由他們對經世概念與指向檢視他們的內聖外王的意義與價值，就能發現中晚明儒學的問題。

第一節　中晚明的聖人觀

　　所謂聖，「聖」在字形本是「通」解，乃是指於事無所不通之稱，白虎通謂「聖者、通也，聞聲知情，故曰聖也」。儒家所謂的聖人，乃是指「具有最高品德和智慧超凡者的尊稱。」〔註2〕學者研究有關明代聖人觀多是從兩種途

〔註 1〕蔣慶從二分式的判教方式區分儒學內部：心性儒學、政治儒學，他認為兩者之間有相應之地位與價值，不能相互否認。並強調不以固有之「經世儒學」一詞乃是此不足涵蓋其所稱的「制義法」的功能，即最高政治理念、制定基本治國原則與建構國家典章制度的功能，其認為政治儒學的內涵大於經世儒學。蔣慶：《政治儒學》，北京：生活・讀書・新知三聯書店，2003年，頁5。吾人以為「經世」概念反較以工具性為導向的政治的義涵上看寬廣，不致讓人誤陷入儒家與法家相同的誤區，也不會狹隘孔、孟之道。

〔註 2〕參見徐興海、劉建麗主編，《儒家文化辭典》，鄭州：中州古籍出版社，2000年，頁 151。

邐:一不同理論型態的比較,如呂妙芬〈儒釋交融的聖人觀:從晚明儒家聖人與菩薩形象相似處及對生死議題的關注談起〉;二是以相同理論型態下的比較,如〈孟子與王陽明聖人觀之比較研究〉。質而言之,討論中晚明的聖人觀,即是探討聖人與聖學的關係,兩者關係是相當緊密,聖人是聖學(道)的載體,而聖學是賴於聖人行誼典範彰顯,使聖學得以傳遞。中晚明陽明門人對王心齋的質疑「自立門戶」,於第四章亦提及王心齋重儒學之傳更甚於重師道,而此種立場應以如何者?宋代程頤、張載等提出,儒者求學的目的,乃是「學做聖人」,他們都致力於成為聖人。因此,聖人的圖像即是聖學型態的重要指標。蓋探究中晚明的聖人觀須在兩種意義、脈絡下去尋找:一方面與其所承繼的「道」學有關,即稱之為道統,亦是指涉該理論的核心思想與型態,所展現是一種縱向關係,另一方面是對於聖俗的內涵的進行討論,所展現是一種橫向關係。這兩方共織而成儒家理論的矛盾與問題。

一、縱向:道統之辨

(一)道統的軌跡

聖人觀的表層是所謂道統,指儒家傳道的統緒,有如孔子尊先王,孟子以堯、舜、禹、湯、文王、孔子並稱聖人,正式提出道統說乃是韓愈,是一種先王授受的系統,到北宋程頤、朱熹相當重視道統傳接〔註3〕而授受系統在漢代則是「師法」,以官方性質的經師方式授受專門的經典,因各自所授的不同經典;前者重在於思想義理的承繼,後者乃是官方經典的承繼。呂妙芬的研究是在學術與政治的關係上著眼,故以為:「藉著道統觀來爭取或鞏固學術的正統地位,更是儒學在宋代以降的學術、政治舞臺上極重要的演出。」〔註4〕

儒家傳道系統之所以與政治相關,乃由於其道的內容「允執厥中」(禮、樂)的理念,在維繫個人與群體間的關係,是益於政權的施行,不是在於表象的由果(孔廟的從祀)導因,即便是朱子入祀也是於後學為其所學爭一席

〔註3〕程頤讚譽程顥為「道統」繼承者,朱子言:「先生生乎千四百年之後,得不傳之學於遺經,以興起斯文為己任,辨異端,辟邪說,使聖人之道煥然復明於世」(《四書集注·孟子集注》卷十四),而朱熹稱「河南程氏兩夫子出,而有以接乎孟氏之傳」《四書集注·大學章句序》並提出「道」的內容是見於經,以堯授舜「允執厥中」,舜授禹「人心惟危,道心惟微,惟精惟一,允執厥中」為十六字心傳,基此,奠立儒家傳授系統到傳授內容的道統內涵。

〔註4〕呂妙芬:《陽明學士人社群——歷史、思想與實踐》,台北:中央研究院近代史研究所,2003年,頁269~270。

之地（私己），不是朱子或陽明本身意圖為要入祀孔廟而有所為〔註5〕。然而，宋代「道統」的提出除確立儒家學說的源流之外，或許更重要的意義在於中晚明更注意是志與學，道統的根源意義蘊藏於立志與學道的關係之中，而顯化為聖人（學作聖人）與聖學（道統）的糾結內。王棟清晰的將兩種關係說明，他說：「志與學長相須者也。志專一則學精明，學日進則志亦日真矣。會友以辨志為先，所謂志者求為聖人之志也。必念念所期，純是道義，而一毫勢利紛華之習不染於中，方是真志，然後可與共學。……會友不以辨志為先，是相率而誣矣。」（《明儒王一菴先生遺集·會語正集》卷一）他指出立志與辨志是近切於道（聖人之學）相當重要的環節，因此明確志與學的方法，即是確立道統，這是一種內聖的途徑，亦是不依附於政權，在王陽明與其門人更關切是「立志」〔註6〕，而王心齋與嫡傳中即是強調於「志」。孫奇逢以為「學以聖人為歸，無論在上在下，一衷於理而已矣。……得志則放之家國天下者，而理未嘗有所增；不得志則斂諸身心意知者，而理為嘗有所損。」《理學宗傳·序》即便是黃宗羲試圖從學的宗旨論學術，而不是以政治的角度衡量。

　　這試藉由中晚明儒者黃宗羲的視域切入，或許能看到儒學的內部問題。實然，在突顯其宗旨時，又同時如道統說的提出其中預含著以學術追溯其志，可能所造成排異的現象。《明儒學案》中批評周海門的《聖學宗傳》與孫奇逢的《理學宗傳》，其云：

> 海門主張禪學，擾金銀銅鐵為一器，是海門一人之宗旨，非各家之宗旨也。鍾元雜收，不復甄別，其批註所及，未必得其要領，而其聞見亦猶之海門也。」在〈明儒學案發凡〉一文，黃宗羲是在純正儒學的立場下提出：「儒者之學，不同釋氏之五宗……夫子既焉不學，濂溪無待而興，象山不聞所受。然其間程、朱之至何、王、金、許，數百年之後，猶用高曾之規矩，非如釋氏之附會源流而已。」
> 《明儒學案·發凡》

<hr>

〔註5〕朱子與王陽明兩人在生前均被視之為偽學，乃於之後門人致力而使之封爵。
〔註6〕「凡功夫有間，只是志未立得起，然志不是凡志，須是必為聖人之志。若是必為聖人之志，亦不是立志。若是必為聖人之志，則凡行得一件好事，做得一上好功夫，也不把他算數。」（《明儒學案·江右王門學案一·聚所先生語錄》卷十六），「學先立志，不學為聖人，非志也。聖人之學，在戒懼慎獨，不如是學，非學也。」（《明儒學案·浙中王門學案四·中丞張浮峰先生元》卷十四）

黃宗羲所意識到道統是在授受的純正性，亦是決定其立志的關鍵，因其別異於漢儒之處是他們更關注「學問之道，以各人自用得著者為真」可見道統在於黃宗羲的話語內，是一種精神性的承繼，不是以經典的把握或是依門傍戶的經生之業。在周海門認為「道統」是「防其教之訛且闡而名焉。故天位尊於統。正學完於宗」《聖學宗傳·序》他指出道統的實質意義，這同時也是晚明儒學所面對的處境，須透過強調道統說解釋儒學的源緣，重新對於教濫而訛的問題，提出「緒兮而闡」重整儒家理論。當然，黃、周、孫三者各自都提出不同的道統說與準繩規制來重詮儒家理論，以應時代的轉變。

（二）道統的構建因素

若從細觀道統的授受上論，或許透過《四庫全書》的觀察我們能更瞭解三者的異同。《四庫全書》評論《聖學宗傳》除採納《明史》的觀點外，還提出其重陽明之論，曰：「載黃卷《正系圖》。其序自伏羲傳至伊川程子，下分二支，一支朱子以下不系一人，一支則陸九淵之下系以王守仁，並稱卷是圖信陽明篤，敘統系明與《聖學宗傳》足相發明云。」（《傳記類存目四·史部一八》卷六二）這指出《聖學宗傳》不是僅以儒學為宗，而是會通佛學，是整個萬曆的學術風氣，並紹述與指出立場。這顯露出他們所關注儒家之學到晚明的學術的純正與傳承的問題，也引伸出儒學的正統與異端，對於儒學理論的檢視，這呈現出儒者對於儒學的自我廓清與理解，是一種自我定位與他人認同的聯繫，故也預藏著別異的意識。在《明儒學案》中，黃宗羲紹述王陽明的學術中，即是表露出人、學、道的三重關係，其曰：

> 先生之言良知也，近本之孔、孟之說，遠溯之精一之傳，蓋自程、朱一線中絕，而後補偏救弊，契聖歸宗，未有若先生之深切著明者也，是謂宗旨。則後之學先生者，從可知已。不學其所悟而學其所悔，舍天理而求良知，陰以叛孔、孟之道而不顧，又其弊也。說知說行，先後兩截，言悟言參，轉增學慮，吾不知於先生之道為何如！間嘗求其故而不得，意者先生因病立方，時時權實互用，後人不得其解，未免轉增離歧乎？宗周因於手抄之餘，有可以發明先生之蘊者，僭存一二管窺，以質所疑，冀得藉手以就正於有道，庶幾有善學先生者出。而先生之道傳之久而無弊也。因題之曰「傳信」云（《姚江學案·陽明傳信錄》卷十）

提出方法認為應該不執於片面，並且一方發明其蘊，一方要提出質疑，

以「正」其道。王心齋對於道統還是以孔、孟為宗，相較在儒學與中晚明所重的師道之間，他溢出師門之說，即是透露出他對於儒學繼承看重，可於其與門人的對話中可知：「門人問：『志伊學顏？』先生曰：『我而今只說孔子之志，學孔子之學。』曰（門人）：『孔子之志與學，與伊尹、顏淵異乎？』曰：『未可輕論，且將孟子之言細言之，終當有悟。』」（《遺集・語錄》卷一）伊尹與顏子都同列為儒家的代表人物，而在王心齋回答卻表明他所宗之學是孔子之志與學，而且是依孟子的詮解為輔，在「志」的重視映現他所心懷是平民儒學的精神。若將黃宗羲與王心齋相較，他們皆認同儒學上源自孔孟，而不同在於承後的部份，黃宗羲以王陽明與劉宗周為依，王心齋卻未指出，有研究者亦如陽明門人的認識以為王心齋在遇陽明即有「思出其位」之行徑〔註7〕，因其狂俠的精神。

　　另外，在第六章對於泰州的質疑，晚明學者多指責周海門，但《四庫全書》卻只指出其篤信王陽明，而《四庫全書》對黃宗羲之作其評論似較周海門的激烈，其云：

> 初周汝登作《聖學宗傳》，孫鍾元又作《理學宗傳》，宗義以其書未粹，且多所闕遺，因搜採明一代講學諸人文集、語錄，辨別宗派，輯為此書。卷端所列自方孝孺以下十七人，大抵朱、陸分門以後，至明而朱之傳流為河東，陸之傳流為姚江。其餘或出或入，總往來於二派之間。宗義生於姚江，欲抑王尊薛則不甘，欲抑薛尊王則不敢，故於薛之徒陽為引重而陰致微詞，於王之徒外示擊排而中存調護。夫二家之學，各有得失。及其末流之弊，議論多而是非起，是非起而朋黨立，恩讎輕情，毀譽糾紛。正、嘉以還，賢者不免。宗義此書，猶勝國門戶之餘風，非專為講學設也。然於諸儒源流分合之故，敘述頗詳，猶可考見其得失，知明季黨禍所由來，是亦千古之炯鑑矣。（《傳記類二・史部一四》卷五八）

　　在此視域是以官學的立場，認為黃宗羲本身即游移於薛、王之間，故以

〔註7〕左東嶺引鄒元標的評論認為「王心齋自身的狂者氣質與陽明對他的影響結合起來，才成就了心齋本人及泰州學派。」見左東嶺：《王學與中晚明士人心態》，北京：人民文學出版社，2000年，頁342～247。對於王心齋服古冠服、執木簡見陽明，載於（《王陽明全集・年譜二》卷三十四），與仿古製車，游講於京，及同陽明提「滿街皆是聖人」之言，然此乃其前期的言行，一般研究者多不重視後期，他在後期所重視乃是講學與社會關懷。

朱、陸之分論明代之學，認為此乃勝過門戶之見，非以講學為旨，是黨禍之源。即如黃宗羲批評「依門傍戶的經生之業」。其次，在清儒的「道統」形式看，其話語是以人為題，而內載記先以其行事，後以遺文（言），透過《四庫全書存目》編者的觀察，相參黃氏之作，我們會發現道統在晚明儒者與清儒的道統意識的不同，其謂：

> 奇逢原書錄周子、二程子、張子、邵子、朱子、陸九淵、薛瑄、王守仁、羅洪先、顧憲成十一人，以為直接道統之傳。人為一篇，皆前敘其行事而後節錄其遺文，凡三卷。又取漢董仲舒以下至明末周汝登，各略載其言行以為羽翼理學之派，凡四卷。奇逢歿後，士昌復刪削其語錄一卷，撓列於顧憲成後，共為八卷。奇逢行誼，不愧古人。其講學參酌朱、陸之間，有體有用，亦有異於迂儒。故湯斌慕其為人，至解官以從之遊。然道統所歸，談何容易！奇逢以顧憲成當古今第十一人。士昌又以奇逢當古今第十二人。醇儒若董仲舒等猶不得肩隨於後，其猶東林標榜之餘風乎。（《儒家類存目三·子部七》卷九七）

這表述出二層：一是客觀的指出孫奇逢的注重是以人述道統，並且是以「行事」、「遺文」，偏重直接之傳，以略而區別間接之傳。二是編者評論，對孫奇逢的學術予以肯定，但也同時指出孫奇逢、與後學皆陷於標榜自家之學，進而提出道統問題是複雜難以歸隸，往往以書寫之作確立自身之學的正統性（正名），或為判學的基點。

在理論方面，黃宗羲是以心學的理論下論，而孫奇逢是折中理、心之學下論述道統。在學術的特質方面，前者重學術的純正，以發明所蘊與質疑為方法，以救正於有道；後者重「人」的承繼為主，以詳、略的書寫方式分別，載記其學以顯其重要性。然而，若又據清代學者對於道統之作觀此問題，《四庫全書》編者對萬斯同《儒林宗派》的評論，可瞭解到「道統」在明、清的態度是不相同，其云：

> 自《伊雒淵源錄》出，《宋史》遂以道學、儒林分二傳。非惟文章之士，記誦之才，不得列之於儒。即自漢以來傳先聖之遺經者，亦幾幾乎不得列於儒。講學者遞相標榜，務自尊大。明以來談道統者，揚己凌人，互相排北，卒釀門戶之禍，流毒無窮。斯同目擊其弊，因著此書。所載斷自孔子以下，杜僭王之失，以正綱常。凡漢後唐

前傳經之儒一一具列。除排擠之私，以消朋黨，其持論獨為平允。惟其附錄一門，旁及老、莊、申、韓之流，未免矯枉過直。又唐啖助之學傳之趙匡、陸淳、宋孫復之學傳於石介，皆卓然自立一家。宋代說經，實濫觴於二子，乃列之散儒之中，不入宗派，亦有所未安。至於朱、陸二派，在元則金、吳分承，在明則薛、王異尚。四百年中，出此入彼，淵源有自，脈絡不誣。亦未可以朝代不同，不為明其宗系。如斯之類，雖皆未免少，然較之學統、學案諸書，則可謂滿除錮習，無畛域之見矣。（《傳記類二‧史部一四》卷五八）

此批評在宋代道學與儒林的分陳，造成經學家不得列為儒，使明代學術重子學，這揭示出講學者傾於以子為學，而以「道統」之論造成一種「揚己凌人，互相排軋，卒釀門戶之禍」〔註8〕，《四庫全書》的編者站在官方的立場論道統，認為儒家學術不該分經學與子學，可見中晚明對於「道統」的確立的意識，一方面是儒者對自身學術的追溯其源，如黃宗羲、周海門；一方面是官學與私學對於道統所賦予不同的意義與價值，官學主以馴服的角度期望明確「道統」能使為用，以主張學者是從學顯道，主以「為人」（名、業），如孔廟從祀中考察官方於朱子、陽明、王心齋死後設於宗祠之中祭祀，原先皆視為偽學；而主私學者則以「志」為重，是以平等的角度，期望道統能使為體，即內化道統，主標榜「人」與道並立而學，主以「為己」（成德成人），後者無疑是一種純儒者的信念，但若論儒者是於內聖外王的意識下，在此即會產生共構的吊詭，而主導著他們所認知的儒家的真理，無怪只能提出門戶之因（王學亡明）、或黨禍之果，或是認為學以亂政。

儒學有「辟邪說」的傳承，此同時，道統亦作為闡揚自身理論的依據，如泰州的道統可見於周海門與唐鶴徵在《憲世編》就其羅列的人物上可知，其列人物是：「首列孔子、顏子、仲弓、子貢、曾子、子思、孟子，次列周子、二程子、張子、邵子、楊時、朱子、張杭，次列陸九淵、楊簡、薛瓊、陳獻章、王守仁、王心齋、羅洪先、唐順之、羅汝芳、王時槐，各述其言行而論之。」

〔註8〕陳來考察儒祠祀觀念與王學的講學的發展，其中從明代之前，《禮記》即有將有得於民者列為祀典之首的觀念，國學針對初要開始學者，必釋奠先聖先師。唐太宗時下令州、縣之學設孔廟，如此確立廟學的體制。後來演變成不僅是孔門弟子，也包括傑出貢獻、有功與有德於民之人。但至嘉靖年間，崇祀王陽明是建立書院的動機與結果。見陳來：《中國近世思想史研究》，北京：商務印書館，2003年，頁395～396。

道統說擔負著保留與宣揚其學的重要任務。基此，其後設著一種學術理論的立場，如「以牽朱就陸，合兩派而一」的觀點，這也顯現明代儒學理論使終寵罩於程朱、陸王之分的分裂之下，一方面是儒學為官學之用，另一方面或許還原到儒學至孔子之後理論的二重性（性善、性惡）。道統既是一種儒者的歷史與社群的展示，也是儒者立正統的工具，受制於官方意識所用，中晚明儒者更欲打破道統成為官方之附庸。上述道統，或許由正值朝廷對於陽明是否從祀的問題研議時，陽明學者宋望之〔註9〕的視域中可以瞭解他們的觀點，其曰：

> 或有問於予曰：「古今學問，自堯、舜至於孔、孟，原是一箇，後之談學者，何其紛紛也？」予答之曰：「自古及今，人同此心，心同此理。所謂理者，非自外至也。《易繫》曰：『天地之大德曰生。』人得天地生物之心以為心，所為生理也。此謂生理，即謂之性，故性字從心從生。程子曰：『心如穀種。』又曰：「心生道也。」人之心，只有此箇生理，故其真誠惻怛之意流行，於君臣父子兄弟夫婦朋友，以至萬事萬物之間，親親疏疏，厚厚薄薄，自然各有條理，不俟安排，非由外鑠，是所謂天命之性，真實無妄者也。自堯、舜以來，其聖君賢相，名儒哲士，相與講求而力行者，亦只完得此心生理而已。此學術之原也。」（《明儒學案·江右王門學案九·陽明先生從祀或問》卷二四）

問者的表述針對當時學者對於儒家的道統內涵的認識提出質疑，宋望之回覆其的表述，他從學的立場以「此心生理」提出真誠惻怛之意，發用於萬事萬物，此源於堯、舜而下貫到聖君賢相、名儒哲士所共同宣講與實行。無疑他乃是陽明的護衛者，故試圖由儒家的學術傳統找到可助於陽明從祀的理由與根據，從儒學內緣看，正如景海峰審視儒學的思維方法〔註10〕，立道統說基於儒家學者的思維不是基於官方的意識型態

儒者面對時代的轉變，中晚明儒者面臨新、舊觀念的轉變，陽明提出「異業而同學」、「即業以成學」，以講學為應世之道（外王），若從因道全法之下

〔註9〕 生卒年不詳，江西永豐人，在學術上早年事聶豹，後宗王陽明。後爭取王陽明從祀孔廟。

〔註10〕「當代儒學話語一無論是敘事還是論辯，基本上循著兩個路數：一是歷史的，重其發展脈絡，邐延歷程；二是觀念的，往往揀金棄沙，只把握根本的傳統。」景海峰，〈清末經學的解體和儒學形態的現代轉換〉，見於孔子 2000 網站，2003 年 3 月 22 日 http://www.donfucius2000.com/Confucian/qjxjtryxah.htm

看，講學是人人皆可共學（廣開民智），追究其儒學價值面向是關懷社會人倫，但與傳統政權的立場不同，所以「道統」在不同立場宣聲就不同：官學以護衛體制為優先，私學在則以力爭自主為優先，道統說即交雜於擁聖人與護聖學兩種的立場下而產生。有時研究者因要貫連王心齋與泰州的一致性，忽略兩者的細辨：對於王心齋是志於學做聖人，而其後學是否是以護衛師學的立場，使得師道與儒學理論加劇變質不再切乎各人生命。有些中晚明儒者乃以護師道的立場下，或許有基於更強烈儒者意識下深切反省後，尋求儒學的「真理」價值是他們所更關切的課題，而李贄亦或基於此提出反孔孟、反道學，而迎釋入儒越出儒者的世界觀。如果我們從中晚明的聖凡之辨，或許能更確切瞭解儒者的意識。

二、橫向：聖凡之辨

　　研究陽明學認為王學之通俗化乃是由於王心齋與龍溪，因由其所取的研究對象皆以「左派王學」為主，這一方面乃是基於研究材料多以《明儒學案》的評議，或是許多研究者針對陽明學進行分派，意見與標準實難統一〔註11〕。在此討論不以分派，而以人物為主。

（一）聖人義涵與典範

　　在前述傳統儒家視聖王與聖人是相等之意，雖是同義異詞：孔子尊先王，孟子以堯、舜、禹、湯、文王、孔子並稱聖人，王心齋認為儒家理論所重即是在「百姓日用之道」。在「存天理滅人欲」的觀點，反映出聖化的軌跡，到陽明「良知良能愚夫愚婦與聖人同，但惟聖人能致其良知，而愚夫愚婦不能致，此聖愚之所由分也」。《傳習錄中》而王心齋以「聖人之道無異於百姓日用，凡有異者皆謂之異端。」他的提出也含藏對於聖化的反質疑，亦在尊德性是向上與道問學是向下之道的糾葛，這均是宋代理學的內涵，亦是聖俗之辨的

〔註11〕黃宗羲認魁以地域上分為六派，另將泰州學派獨立而論，不稱王門，而唐君毅先生認為大略可別為二：江右是一路，以歸寂至靜之工夫以識本體，龍溪、心齋、近溪是一路，皆直指本體即工夫；牟宗三先生的看法是最能代表陽明後學對其良之教的分歧只有三支，浙中取龍溪、泰州取王心齋，江右取聶雙江。而楊國榮從本體與工夫上分為二：一是王畿、泰州學派對先天本體問題（性質及作用）探究之路線，另一條路則是歐陽德、錢德洪等及明末東林學者所重視後天的致良知工夫之考察。吾人就黃宗羲與牟宗三先生的看法為是，泰州學派之作風，在立身行己或講學論道與實踐方式，是與龍溪有所不同，不該歸於一派。

序幕〔註 12〕，至中晚明聖俗的問題加劇，一方面是良知論的內涵掀起個體自覺，另一方面講學活動促使百姓能知學，但聖凡之辨的關鍵觀點是為何？朱熹以為聖，俗有別在於學，他認為「聖人之學與俗學不同，亦只爭這些子。聖賢教人讀書，只要知所以為學之道。俗學讀書，便只是讀書，更不理會為學之道是如何。」〔註 13〕可見朱子重視「知」為學之道，在於聖人對於為學的自然，能久而不變〔註 14〕，深究其指向即是為己之學，而陽明亦贊成此觀點。若能探尋出就能瞭解彼此的歧異，重設一個溝通的平台。

「志」與學所相綜是一種仿效的對象，王心齋所重的聖人是孔、孟。孟子認為聖人是：「聖者，人倫之至也。」孟子的表述將聖人圖像規置在「人倫」之內，有詮解為一種完美的道德人格之說，但從「倫」本義作「輩」是指車以列分為輩，而孟子言：「使契為司徒，教人以人倫」此所指是倫常、五倫，「至」是極或最，依此孟子的表述義涵，不僅僅是一人的道德人格，還以人際中的倫常為重，即是內而外擴及社會。因孟子的聖人觀是在人世之中，而以「人皆可以為堯舜」，並不是獨隱或是出世。而呂妙芬在研究陽明學提及典範轉移的觀點，認為雖朱子與陽明都推崇顏子高超的德性成就、好學及代表孔門聖傳的地位，但兩人思想仍不同，他認為：「朱子顯然不強調顏曾的差異，故無『顏子沒而聖學亡』之嘆。不同於朱熹，陽明學者以王陽明的良知學來詮釋顏子聖學。……他們認為顏子聖學的精要乃在於其有不善未嘗不知、未嘗復行、不遠而復」〔註 15〕他指出王陽明和弟子〔註 16〕重顏子之學是基於不重讀

〔註 12〕荀子一方面承認塗之人可以為禹，一方面又說「可以而不可使也。」正如楊祖漢所詮解「在理想上說，固然要肯定人人皆可成聖，但在現實上，吾人又不得不承認成聖只是極少數人能達到之事」見楊祖漢，《儒家的心學傳統》鵝湖學術叢刊，台北：文津出版社，1992 年，頁 270。王心齋在聖人觀所重是前半部的理想，因向平民即以蒙學為要。

〔註 13〕《朱子語類‧論語二‧學而篇》卷二十。

〔註 14〕「問：『盡己之忠，此是學者之忠，聖人莫便是此忠否？』曰：『固是。學者是學聖人而未至者，聖人是為學而極至者。只是一箇自然，一箇勉強爾。惟自然，故久而不變；惟勉強，故有時而放失。』因舉程子說：『孟子若做孔子事，儘做得，只是未能如聖人。』龜山言：『孔子似知州，孟子似通判權州，』此喻甚好。通判權州，也做得，只是不久長。』」（《朱子語類‧論語三‧學而中》卷二十一）

〔註 15〕呂妙芬：《陽明學士人社群——歷史、思想與實踐》，台北：中央研究院近代史研究所，2003 年，頁 273～285。

〔註 16〕王龍溪曰：「良知一點虛明，便是入聖之機。時時保任此一點虛明，不為旦晝

書而重心悟以顏子為聖學象徵，但王畿〈撫州擬峴臺會語〉即提到王陽明以此說乃是險語。又觀楊祖漢，針對王陽明的「成色分兩說」中提出，他認為陽明是以「孔子之才力比之堯舜有所不及」〔註17〕然吾人以為未對聖人之義涵瞭解，直以論聖學象徵，此易陷入朱王對立的觀點內，或以立竿見影，實究王陽明良知論的提出乃是針對朱學末流「為人」之弊，而反向重視個人的「立志」，而宋明理學家始終對孔顏之學保持高度的重視，抑或許我們該由其聖人的意義上看聖學的內容。

　　在陳立鑲認為孟子的聖人有高下之分，故孟子所欲效法為孔子，而陽明在聖人境界（質）上是一樣〔註18〕。因王陽明所提揭的聖人觀卻是在「天理人欲」對立的視角下所宣發，其言：「聖人之所以為聖，只是其心純乎天理，而無人欲之染。猶精金之所以為精，但以其成色足而無銅鉛之雜也。」《傳習錄上》他以精金喻聖人，關鍵是「純乎天理」，不在於才立。且以「聖人可學而至」、「聖人之道，吾性自足，不假外。」、「聖人之學，心學也。」，「聖人於禮樂名物不必盡知，然他知得一個天理，便自有許多節文度數出來。不知能問，亦即是天理節文所在。」以上可知，王陽明已將從前的聖賢的崇高性，轉化成人人可學、可至、自足、能問，聖人之質是人人（凡）皆具，但是不同是「立志」〔註19〕。又若相較道、釋的聖人之別，陽明以為儒之聖人乃是順良知

精亡，便是致知。蓋聖學原是無中生有，顏子從裏面無處做出來，子貢、子張從外面有處做進去。無者難尋，有者易見，故子貢、子張一派學術流傳後世，而顏子之學遂亡。後之學者沿習多學多聞多見之說，乃謂初須多學，到後方能一貫，初須多聞、多見，到後方能不藉聞見，而知此相沿之弊也。初學與聖人之學，只有生熟不同，前後更無兩路。假如不忍穀觳，怵惕入井，不屑呼蹴，真機神應，人力不得而與，豈待平蒔多學，而始能充不忍一念便可以王天下？充怵惕一念便可以保四海？充不屑不受一念便義不可勝用？此可以窺孔、孟宗傳之旨矣。」（《明儒學案・浙中王門學案二・語錄》卷十二）王龍溪乃採合於無有之說而論，最終還是歸於孔、孟宗傳，並且其乃是在針對學者的流弊。

〔註17〕楊祖漢，《儒家的心學傳統》鵝湖學術叢刊，台北：文津出版社，1992年，頁280。

〔註18〕陳立鑲，〈孟子與王陽明聖人觀之比較研究〉，《高苑學報》，第四期，1995年，頁311。

〔註19〕「僕嘗以為晦菴之與象山，雖其所為學者若有不同，而要皆不失為聖人之徒。」《傳習錄・答徐成之》「曰：『真有聖人之志，良知上更無不盡。良知上留得些子別念挂帶，便非必為聖人之志矣。』」《傳習錄》在陽明認為朱、陸皆是聖人之徒，不以立道統而別。而聖人之志以「精純」的良知。

的發用流行，依此我們可知良知的精純與發用流行即是王陽明聖人的內涵。在陽明曾針對孟子所提出：「智譬則巧也，聖譬則力也。」而朱子認為「三子（柳下惠、伯夷、伊尹）力有餘而巧不足」，提出三子固有力，亦有巧，孔子則能兼三者之長。在聖人的條件是聖智，在這點王心齋是如陽明，但其賦予不同內涵，其曰：「宋之周、程、邵學已皆到聖人，然而為智也，故不能巧中。孔子『致知、格物』而『止於善』，『安身而動』，便智巧」（《遺集・語錄》卷一）以此王心齋的聖人是以孔子為典範。陽明重聖智本體，即是立志，朱子亦重之，此乃依賴於學（工夫），其曰：「舉聖門弟子，唯稱顏子好學，其次方說及曾子，以此知事大難。曰：『固是如此。某看來亦有甚難，有甚易！只是堅立其志，順義理做去，他無蹺欹也。』」（《朱子語類・學二・總論為學之方》卷八）朱子認為好學乃是孔門的第一精義，故首言顏子，而對於聖學的傳遞上，須透過語言為載體，朱子不強調顏、曾乃是由於其認為[註20]顏子不如孔子重語言的周延，而曾子工夫不如顏子，然他認為曾子可傳孔子之道，其云：

> 今人只見曾子唯一貫之旨，遂得道統之傳。此雖固然，但曾子平日是箇剛毅有力量、壁立千仞底人，觀其所謂「士不可以不弘毅」；「可以託六尺之孤，可以寄百里之命，臨大節而不可奪」；「晉楚之富不可及也，彼以其富，我以吾仁；彼以其爵，我以吾義，吾何慊乎哉」底言語，可見。雖是做工夫處比顏子覺粗，然緣他資質剛毅，先自把捉得定，故得卒傳夫子之道。後來有子思孟子，其傳亦永遠。（《朱子語類・學七・力行》卷十三）

朱子仍以語言的進路看聖學的傳遞，他認為工夫是相較顏子粗略，但因其資質可把捉可傳孔子之道，因他以為：「曾子之學，大率力行之意多。守約，是於樸實頭省氣力處用功。」（《朱子語類・論語三・學而篇中》卷二十一）而

[註20] 「聖人說話，磨稜合縫，盛水不漏。如云「一言喪邦」，「以直報怨」，自是細密。孟子說得便粗，如云「今樂猶古樂」，「太王好色」，「公劉好貨」之類。橫渠說：『孟子比聖人自是粗。顏子所以未到聖人處，亦只是心粗。』」（《朱子語類・論語一・語孟綱領》卷十九）、「大凡氣欲不必問，心平則氣自和。惟心粗一事，學者之通病。橫渠云：「顏子未至聖人，猶是心粗。」一息不存，即為粗病。要在精思明辨，使理明義精；而操存涵養無須臾離，無毫髮間；則天理常存，人欲消去，其庶幾矣哉！」（《朱子語類・學六・持守》卷十二）朱子從語詞的周延性論，孔子（聖人）的語言較孟子與顏淵嚴慎，孟、顏都是粗心，可見朱熹更重視孔子之言語，因他認為「聖人說話，都自恁地平。」且含容，他認為精思明辨是孟、顏所不注重。

朱子的聖人觀是如何？從他與門人的對答中，或許讓我們更可以知悉：

> 問：「李先生謂顏子『聖人體段已具』。『體段』二字，莫只是言簡模
> 樣否？」曰：「然。」又問：「惟其具聖人模樣了，故能聞聖人之言，
> 默識心融否？」曰：「顏子去聖人不爭多，止隔一膜，所（言）〔謂〕
> 『於吾言無所不說』。其所以不及聖人者，只是須待聖人之言觸其
> 機，乃能通曉爾。」又問：「所以如此者，莫只是渣滓化未盡否？」
> 曰：「聖人所至處，顏子都見得，只是未到。『仰之彌高，鑽之彌堅，
> 瞻之在前，忽焉在後』。這便顏子不及聖人處。這便見得未達一間
> 處。且如於道理上才著緊，又蹉過；才放緩，又不及。又如聖人平
> 日只是理會一箇大經大法，又卻有時而應變達權；才去應變達權處
> 看他，又卻不曾離了大經大法。可仕而仕，學他仕時，又卻有時而
> 止；可止而止，學他止時，又卻有時而仕。『無可無不可』，學他不
> 可，又卻有時而可；學他可，又卻有時而不可。終不似聖人事事做
> 到恰好處。」又問：「程子說：『孟子，雖未敢便道他是聖人，然學
> 已到聖處。』莫便是指此意而言否？」曰：「顏子去聖人尤近。」或
> 云：「某於『克己復禮』、『動容貌』兩章，卻理會得。若是仰高鑽堅，
> 瞻前忽後，終是未透。」曰：「此兩章止說得一邊，是約禮底事，到
> 顏子便說出兩腳來。聖人之教學者，不過博文約禮兩事爾。博文，
> 是『道問學』之事，於天下事物之理，皆欲知之；約禮，是『尊德
> 性』之事，於吾心固有之理，無一息而不存。今見於《論語》者，
> 雖只有『問仁』、『問為邦』兩章，然觀夫子之言有曰：『吾與回言終
> 日。』想見凡天下之事無不講究來。自視聽言動之際，人倫日用當
> 然之理，以至夏之時，商之輅，周之冕，舜之樂，歷代之典章文物，
> 一一都理會得了。故於此舉其大綱以語之，而顏子便能領略得去。
> 若元不曾講究，則於此必疑問矣。蓋聖人循循善誘人，才選到那有
> 滋味處，自然住不得。故曰『欲罷不能，既竭吾才，如有所立卓爾』！
> 卓爾，是聖人之大本立於此以酬酢萬變處。顏子亦見得此甚分明，
> 只是未能到此爾。又卻趨逼他不得，他亦大段用力不得。易曰：『精
> 義入神，以致用也；利用安身，以崇德也。過此以往，未之或知也。
> 窮神知化，德之盛也。』只是這一箇德，非於崇德之外，別有箇德
> 之盛也。做來做去，做到徹處，便是。」（《朱子語類・論語六・為

政篇下》卷二十四）

朱子認為顏子不能及聖是因其有待聖人提點其機，而顏子未能如孔子般立本而能應變達權，而朱子最後引用《易》的義理說明「窮神知化」乃是聖人之德，而能做出內（精義入神）外（利用安身）之徹處。這即是王心齋對於安身與尊身之原義。可見朱子以是聖人能知幾微而應變，而陽明則重聖人的心之精純和順良知的發用。

有關聖人象徵，在明代是以堯舜為主，於《肝壇直詮·序》即揭示：「太祖聖論直接堯舜之統，學者能時時奉行，即熙然同游於堯舜之世矣。」而中晚明對於聖人圖像是否是以堯舜為典範？劉師泉舉列出孔門之徒，認為守己因而從人輕，特別指出堯舜能捨棄，可見通微與幾，能見無動之過，能淨無垢之塵，而認為聖人是「洗心退藏於密，神武而不殺也夫」〔註21〕，又觀王龍溪認為聖人，似有不同於陽明的本體明白亦能問（內外合），他以為聖人不求知於人，故可見己過，這是龍溪溢出陽明之處，其云：

> 聖人所以為聖，精神命脈全體內用，不求知於人，故常常自見己過，不自滿假，日進於無疆。鄉愿惟以媚世為心，全體精神盡從外面照管，故自以為是而不可與入堯、舜之道。（《明儒學案·浙中王門學案二·語錄》卷十二）

他以堯舜之道為具體的聖人之道，聖人與鄉愿之分：一主內用而不自滿，一主外照而自以為是。前論道統時，朱熹即提堯與舜之傳，而劉兩峰亦同樣心儀於堯舜之道，其謂：「蓋吾心之體，本不可須臾離，無人我遠近古今。於此透悟，便可與天地同量，堯、舜為徒。」（《明儒學案·江右王門學案四·論學要語》卷十九）他認為心若能透悟，則能與天地同量和以堯舜之同類，重視性體的自然，以為外境雖異，但是「良知之運無更局」，在心性上仍是以躋於堯舜為「志」。再者，或觀陳明水與聶豹的書函中，表述儒者特別注意堯、舜之道的原因，其曰：

〔註21〕「己者命之所稟，禮者性之所具。人之生也，性一而命殊，故人之過也，各於其黨。虞仲之放，伯夷之隘，柳下之不恭，子貢之達，子路之勇，原憲之狷，曾點之狂，子張之堂堂，皆己也，雖痛克之，猶恐守己者固而從人者輕也。惟堯、舜為能舍，非竭才力不能克，是故能見無動之過，通乎微矣，能淨無垢之塵，可與幾矣。草昧之險，無動之過也，野馬之運，無垢之塵也，故聖人洗心退藏於密，神武而不殺也夫。」（《明儒學案·江右王門學案四·劉師泉易蘊》卷十九）

古之學者為己，天下事盡矣。堯、舜之治天下，亦盡其性充其君道而已，何嘗有人己先後於其間哉！後儒不知性情之學，有始有為國為民，不為身謀以為公者。此賢豪之士，所以自別於流俗。而其運動設施，不合於中道，不可語天德王道也。（《明儒學案‧江右王門學案四‧明水論學書》卷十九）

　　陳明水認為古今之儒是不同，「為己」是堯、舜能治天下，亦能盡其性，乃是奠於性情之學，乃可謂為天德王道，而後儒誤以只要為國為民，不為身謀，自別於流俗，不合於中道。據此，在內聖層面，他們重內用而不自滿，心能透悟性體自然；在外王層面闓他們注堯舜的執中之道。若由儒家理論上觀，羅念庵認為儒家的理論上是有所區別，在他與何善山的一段書函中可見：

弟願老兄將精一還堯、舜，感應還孔子，良知還陽明，無生還佛，直將當下胸中粘帶，設計斷除，眼前紛紜，設計平妥。原來性命，設計恢復。益於我者取之，而非徇其言也；害於我者違之，而非徒以言也。（《明儒學案‧江右王門學案三‧雜著》卷十八）

　　他認為辨別其不同：堯舜之道是主精一，孔子之道是主感應，陽明是主良知，而佛家主無生，是當下的直覺判斷與擇取，不是照著講。而徐魯源〔註22〕以為在儒學的傳遞雖所重是不同：孔子是仁，堯舜是中，《大學》是至善，《中庸》是所謂未發之中，然孔子所重的「仁」是心體與性體的合一，綜先生後天、形上形下，此傳是無流弊。

　　綜上，儒家的聖人典範在中晚明不僅是顏子，在陽明後學的討論的對象中還有堯、舜之道，雖順孟子的宗旨，但透顯出中晚明儒者更重視平民化的傾向，而是否百姓日用即道已取代形而上謂之道、由理到欲，或是人性論的轉變？〔註23〕或許從中晚明儒者對於聖凡的分辨之中更可以瞭解是如何。

〔註22〕「孔門之求仁，即堯、舜之中《大學》之至善，而《中庸》所謂未發之中也。故專求性或涉於虛圓而生機不流；專求心或涉於情欲而本體易淆。惟仁者性之靈而心之真先天後天合為一致形上形下會為一原凝於沖漠無朕而生意盎然洋溢宇宙。以此言性非枯寂斷滅之性也達於人倫庶物而真體湛然迴出塵累。以此言心非知覺運動之心也故孔子專言仁傳之無弊。」（《明儒學案‧浙中王門學案四‧蘭遊錄語》卷十四）

〔註23〕夏清瑕在〈晚明王門後學的思想革新運動〉一文針對晚明王門左派乃造成對傳統儒家學說的思想革新：一是以自然人性論取代性善論，二是以百姓日用之道取代形而上之道，三是以個人價值超越社會價值。見於《世界弘明哲學季刊》2000 年 3 月。http://www.whpq.com

（二）聖凡的異同

　　研究中晚明的學者，研究陽明後學和學術的通俗化的課題，往往是以「左派王學」為研究對象，只就講學之社會教育探討，而未深入對於當時儒者如何看聖凡的問題〔註 24〕。當然還有學者從泰州學派會通佛禪思想下討論〔註25〕，以「道在日用常行」及「人人良心本有且具萬理」二概念。在第五章中已討論王心齋的「百姓日用之道」之義涵是聖凡上仍是有所區別：相同是條理處，不相同是聖人知而不失，百姓不知而失，可見「知」乃是聖凡的差異之源。在聳動的「百姓日用之道」的提出，顯然所注意到此乃泰州之異於其他陽明後學之處，但是否僅是泰州有此觀點，或許我們再觀中晚明儒者討論聖凡的概念，更可細察士人意識於世俗化的觀點，亦可明析聖化的內容與否與世俗是絕然兩立。

　　在良知論的提出，不可諱言對於傳統社會的階層的上與下留出可相互理解的餘地，在中晚明對於聖凡的論辨中，王陽明將孟子的良知概念賦予一種自在隨機的直覺觀照，並排除「私」，推向一種無我，而趨仁心之「公」義之理。王陽明雖以「人人皆可為堯舜」指出良知的普遍性，但還是嚴格分辨「常人」不能無私意，必須以工夫克己復禮，使知能保持靈明覺照，可見王陽明的聖凡之別是以「仁」與私兩概念為核心，黃宗羲則從四句教上詮解王陽明良知乃指涉「心之至善」〔註26〕，而耿定向就王心齋所提出「百姓日用即道」的義涵證呈，其曰：

> 今之學者，談說在一處，行事在一處，本體工夫在一處，天下國家民物在一處，世道寥寥，更無倚靠。凡道之不可與愚夫愚婦知能，不可以對造化通民物者，皆邪說亂道也。蓋費中隱。常中妙，粗淺中之精微，本是孔、孟萬古不易正脈，但非實是撐天挂地，拼身忘家，逼真發學孔子之願者，未易信此。（《明儒學案·泰州學案四·天臺論學語》卷三五）

〔註24〕陳劍鍠〈陽明後學所產生之諸問題〉見網站孔子 2000 網站，2003 年 9 月 5 日。http://www.sonfucius2000.com/Confucian/chenj1.htm

〔註25〕見劉倏凡〈明代陽明暨泰州學派加速儒學世俗化的考查〉《高雄餐旅學報》第五期 2003 年 12 月，頁 196～197。

〔註26〕「既云至善是心之本體又云知是心之本體。蓋知只是知善知惡知善知惡正是心之至善處。既謂之良知決然私意障礙不得常人與聖人同。」（《明儒學案。姚江學案。陽明傳信錄》卷十）

此表述從士人的身心不協調到社會的不和諧，他觀察這些現象而循理提出準則：「凡道之不可與愚夫愚婦知能，不可以對造化通民物者，皆邪說亂道也。」正道的內涵不再是玄高虛遠，而是「平常」：凡夫凡婦可知可能，可通百姓庶物。他認為此理乃是依循孔、孟所舉的真理，若非是真切的儒者不會有此信念。可見他認為儒理能於平常中顯見，但其以激烈的豪傑口胳表述護衛儒理，卻是傳統儒者質疑其踰越儒家的核心「中正」。然而，泰州是否真以為聖凡無別，其實他仍知其有所同異，其云：

> 夫與百姓同然處，吾黨何能加得些子？惟是百姓日用不知耳。日用處，聖人原與百姓同，其所用處，聖人自與百姓異。區區所謂擇術者，非能有效於百姓日用之外也，意於百姓日用者，而辨所用耳。
> （《明儒學案・泰州學案四・天臺論學語》卷三五）

他認為聖凡在日用上是共同無分別義，在「所用」上則是不同，他的表述同時具以兩重否定與肯定：擇術者即是指以工具理性為用者，不能有用於以外是，而「意」即是動機上能以百姓日用（眾人）為目的者，能分辨所用即是聖人。雖不同私與仁心的說法，但卻依然遵循著「內聖」的義涵。良知論為凡而入聖開啟一扇門，耿定向討論聖凡之別顯然只在本體上立論，對由凡入聖的工夫卻支字未言，而在《明儒學案・江右王門學案三》摘錄一段劉師泉與王龍溪對於本體與工夫的論辯，而兩人各相應於陽明之說的一部份：龍溪對於良知的普遍性以見在理解是聖人之悟，而師泉分辨出常人須以做工夫以修以學，一是以聖賢立場從源頭處立說，一是以常人立場從下流溯源，劉師泉強調「入道」是不可由先天論而混淆聖凡，只是懸空，而龍溪贊同劉師泉不能混淆聖凡，然他更不贊成兩截之絕斷的分聖凡，而以日光之譬喻，凡夫凡婦原初是光，只是暫時被遮蔽。在此，兩人共同都贊成聖之質是於「精一」之道，劉師泉以精神專一，而王龍溪以純而無雜染；但對於「凡」之質的觀點兩者歧異，劉獅泉則以頑鐮為喻，認為不可同聖人同論，王龍溪以為其仍有良知之光，為雲氣所蔽。聖人的「精一」，又在於無言之教，或許可理解為身教，在薛中離的表述對在聖愚的看法上，即認為如此，其言：

> 問：「聖愚一致，始終本末，同條共貫處，何如？」曰：「孔子無言之教，至精者也。百姓日用飲食，至粗者也。然無言，此虛明也；日用飲食，此虛明也，故曰『人莫不飲食，鮮能知味也』。食能知味，行能知步，瞬能知存，息能知養，為子知孝，為臣知忠，至於知化，

　　知天，一也。」（《明儒學案‧粵閩王門學案‧語錄》卷三十）

　　在他的表述不全然否定聖愚之差異，認為聖、愚有不同也有相同之處，不同在於教之「精一」與日用之粗，兩者相同之處是心的狀態與普遍性乃是「虛明」，此意指心能以空虛無形、卻又能明照、包攬宇宙萬物於其中。

　　又觀從形上形下的討論，在「理一分殊」的前識下，尤時熙（1457～1533），字季美，號西川，河南洛陽人。在〈擬學小記〉中，他認為就面事而言，聖凡是不同：聖人以一，細事承當，而常人卻是追求分殊的萬象，而以自私用智。他又從天理人情上論，認為天理與人情亦是理一，而對於有限的人情愚夫愚婦皆易知悉，但對於究極之處，聖人仍有不能窮盡〔註27〕，他對於聖凡之別是採較寬容的立場，對聖與凡的關係是可通，此基於他主張「得理即通物情」。同樣在此命題下，以有、無進為分辨，董澐（1502～1580），字復宗，號蘿石，浙江海鹽人，師從王陽明，其曰：

> 費者言道，無所不在也。隱者所以著其實也，妙不可思無象與理之分。夫婦所能知行，自籩豆之事，以至屠沽之事專一事，則知一事能幹當一事。此形而下者，聖人天地所不知。能形器無非是理，不可控搦此形而上者。蓋事哲理之別名，語事則千殊萬異，語理則聲臭俱無，大的就是小的。有見於此，則洞然無物，鳶飛魚躍，舉目所在，可迎刃而解矣。（《明儒學案‧浙中王門學案四‧碧里疑存》卷十四）

　　他的表述以理與事的角度論，夫婦所能知行是日用飲食，是以專一知一之事，以明的具體之事，乃是以形下為重，而聖人是以理，是形器一體，能洞然無物不受於象，故能見普遍之理。識見的有限與無限，導致聖凡所看重與注意而有不同。王時槐主張「悟先天修後天」，認為甚至不能以有無表述，在《三益軒會語》中指出聖凡與草木的不同是在於「知」，所以工夫以致知。我們知道王陽明的良知（五倫）與天理同一義，王棟對於更具體指出泰州學對於聖凡之分，其云：

> 由仁義行，自是良知天性，生樾流出，不假聞見安排。行仁義者，遵依仁義道理而行，不由心生者也。一是生息於中，一是襲取於外，二者王霸聖凡之別，非安勉生熟之分也。（《明儒學案‧泰州學案一‧

〔註27〕「天理人情本非有二但天理無可捉摸，須於人情驗之。故不若只就人情為言，雖愚夫愚婦，亦可易曉。究其極至聖人天地有不能盡也」（《明儒學案‧北方王門學案‧擬學小記》卷二九）

語錄》卷三二）

　　他以道德行為內在性或外在，性論聖凡之別，由仁義是一種自發自為的天性，是始終於中，是聖；義務式依仁義之理而為，是外取乃凡。或許於此，我們會質疑其未有工夫，然其乃基於王心齋的「合本體做工夫」，從道德行為上論述。

　　綜上，在聖凡之辨的討論，中晚明的儒者對於聖人以「精一」和體無故可知理，是有所共識，但對於「凡」卻有相當大的分歧：有些儒者保留兩者可通的空間，有些儒者則認為絕然分立，或者聖凡在日用上是共同無分別義，在「所用」上則是不同，或由仁義的內外論，可見夏清瑕研究乃針對陽明後學而論，然後學卻不止於泰州，在中晚明儒者雖有各自主張，並且在不同角度與視域下討論，但可看出對於聖凡之間的關係已不是緊張，而是保留著相互可通的管道以「學」，其中講學的倡導是推波助瀾的原因之一，王心齋〔註28〕與泰州學者多是平民之身，提出「人人共明、共成之學」，若從積極面上觀，是欲打造高文明社會「人人君子」，然若從消極面上論，揭除儒學聖化的面紗，使人人可為己不是為人。而提出儒學世俗化的義涵是否隱含著儒學是菁英、聖化與崇高，這可能有違孔、孟以仁為立說。因儒學本關注於生活世界，不是離世空談。或許我們對於中晚明的話語再進一步看，他們對於儒學的定位，其曰：

> 吾儒之學與禪學、俗學，只在過與不及之間。彼視世界為虛妄，等生死，為電泡，自成自住，自壞自空，天自信天，地自信地，萬變輪迴，歸之太虛，漠然不以動心，佛氏之超脫也。牢籠世界，桎梏生死，以身徇物，悼往悲來，戚戚然若無所容，世俗之芥蔕也。修愿省愆，有懼心而無戚容，固不以數之成虧自委，亦不以物之得失自傷，內見者大而外化者齊，平壞坦坦，不為境遷，吾道之中行也。（《明儒學案·浙中王門學案二·語錄》卷十二）

〔註28〕王心齋的蒙學之教材乃是《大學》這或許他勵學的潛因但我們知道他是入孔廟後而立志於學。陳來先生認為蒙學與世俗的儒家倫理有關其謂：「通俗儒家倫理讀物的內容乃是體現了家族主義、個人功利、儒家道德倫理。」見陳來：《中國近世思想史研究》北京：商務印書館，2003 年，頁 409。若依此觀點就王心齋的過程不是一種世俗化而是往菁英化發展或許王心齋是特例。如果就百姓而言蒙學的內容是教誡與世俗智慧是教化與安定社會的方式但對於欲學者卻是不同的意義。

儒者從世界觀上嚴辨儒、禪、俗，佛以超脫為宗，俗以制於身物，而儒以修省為宗，齊內外不為境遷。在《中庸》之內亦不乏所謂「平常之謂道」的義涵。儒學的源初本不是聖化之下所形成，而是一種歷史與政治的效應使之聖化，儒學的內容原是生活的智慧，當過度的工具化的營造後，才以致於有聖、凡有天壤之別，使經院儒者以為可具有崇高性，使一般儒者就陷入卑微，無形中將以聖學為光環，遺忘原初的聖人之志。杜維明不贊同儒家哲學是一種精英主義，他認為是一種平民哲學，其言：「其哲學理念不是一種貴族經驗血統裏所發展出來的理念。」〔註29〕然就儒學內容的豐富而言，即兼具雅俗，亦是多元性，待於儒者發揮其蘊藏無限可能的智慧。對於學的尊崇該到何種地步，而不失於「中」，或許在聖凡之間亦可以有所平衡。

第二節　中晚明的經世觀

前面已在聖人觀中討論到，儒家的聖人圖像：有以聖王，亦以聖學兩種系統，聖王所關涉是政治的領域，聖學則是以道德的領域。李紀祥對於《明末清初儒學之發展》其所研究的範域設定明神宗萬曆時期，以東林學術論述作為明代學術由「內聖之學」格局轉向「經世之學」的一個起點。〔註30〕吾人在研究王心齋與泰州學發現可以再思索，這課題於中晚明儒者的意識是如何？或許我們可能發現其中儒學的轉折處。

一、經世之義涵

首先，溯源「經世」的概念（《朱子語類·邵子之書》卷一百），在我們目前可知的文獻資料中，乃於《莊子·齊物論》：「六合之外，聖人存而不論；六合之內聖人論而不議。春秋經世先王之志，聖人議而不辯。」而「內聖外王」的概念亦出於《莊子·天下》，林安梧以莊子所定義的聖人之義涵與「配神明，醇天地，育萬物，和天下，澤百姓，明於本數，係於末度，六通四辟，小大精粗，其運無乎不在」《莊子·天下》認為這是指邁向社會的道德實踐，而不是一向內傾、自閉的心性修養〔註31〕。吾人以為經世的概念，反較蔣慶所提出

〔註29〕杜維明：《杜維明學術專題訪談錄—宗周哲學之精神與儒家文化之未來》，上海：復旦大學出版社，2001年，頁81。
〔註30〕見李紀祥：《明末清初儒學之發展》台北：文津出版社民國1992年，頁19。
〔註31〕林安梧〈後新儒學的新思考：從「外王」到內聖—以「社會公義」論為核心

「政治儒學」的觀點，將儒學緊縮成只有政治的層面上瞭解，是無法看到全面的儒學之貌。到宋代邵雍作《皇極經世》一書，朱熹論述此書與《易》不同：「有「《易》是卜筮之書，《皇極經世》是推步之書。《經世》以十二譬卦管十二會，繃定時節，卻就中推吉凶消長。堯時正是（乾卦）九五，其書與《易》自不相干。」（《朱子語類·邵子之書》卷一百）在南宋時，朱熹與其門人的討論「經世之學」，他們的話語所指涉的內容，乃是以國家政事相關的事宜，而亦有以司馬遷《史記》是文字上經世事業之說。以上所述，就邵雍、朱子與司馬遷對於經世一詞的使用上，或許我們可以質疑蔣慶認為經世一詞的看法〔註32〕，中晚明儒者的經世概念不僅包括順應時節、政事、文字的書寫，相形之下，若是以一種政治（工具化）為義涵，更不貼近儒家的語言脈絡，可見於劉宗周在《明儒學案·師說》中紹述李見羅曰：「先生氣魄大，以經世為學，酷意學文成，故所至以功名自喜。微叩其歸宿，往往落求可、求成一路，何敢望文成後塵」。

王心齋對於經世的觀點，是以「聖人經世，只是家常事」（《遺集·語錄》卷一）此表述出聖人對於經世的熟悉與平易，在他的話語還以「出處」表達，亦以《易》的語詞隱涉，如飛龍在天、見龍在田，所論是「治」，並且還以二爻稱之「大人」，是在下必治，在上必治，可見聖人的經世內容，不全然是治他認為於此對當是「聖學」，其曰：「問『時乘六龍』先生曰：『此是說聖人出處這出處，便是這學，此學既明，致天下堯舜之世，只是家常事。』」（《遺集·語錄》卷一）。他的經世是包括治與學。這意謂他仍懷有視民如傷的望「王天下」於道的觀點，不僅僅是以身為帝王「師」為經世的目標。王襞亦將聖人與經世相連貫，他認為良知本性乃是聖人所具，以「一體之慈達而經世之用出焉。苟不知立本之義，則世不可經，而吾之一體之慈窒矣。而非明明德於天下之學也，至善之則不可見矣。此孔孟運世之要訣也。」（《明儒王東崖先生遺集·語錄遺略》卷一）他雖以「一體之慈」不是一體之「仁」表述，可見其綜入老學的語彙（「慈」），但其後卻又表述以「明明德於天下之學」、「至善」說明儒家的經世意義與價值，他強調知道立本之義是良知本性，則可以經世，

的儒學可能〉《鵝湖月刊》第三十卷，第二期 2004 年 9 月，頁 17。

〔註32〕「多用在政治實踐領域是所謂儒術即政治權力運作之藝術屬於治術範圍，故政治儒學有經世之術心性儒學亦有經世之術。」蔣慶：《政治儒學》，北京：生活·讀書·新知三聯書店，2003 年，頁 5。

他認為內聖外王是一體，此內容仍是儒家的經世。鄒東廓的孫子德四川他觀察到中晚明人的心態，多是身心難以安立，其言：

> 今世覓解脫者，宗自然，語及問學，輒曰此為法縛耳。顧不識人世種種規矩范圍，有欲離之而不能安者，此從何來？愚以為離卻戒慎恐懼而言性者，非率性之旨也。今世慕歸根者，守空寂，語及倫物，輒曰此謂義襲耳。顧不識吾人能視、能聽、能歡、能戚者，又是何物？愚以為離卻喜怒哀樂而言性者，非率性之旨也。今世取自成者，務獨學，語及經世，輒曰此逐情緣耳。顧不識吾人覩一民之傷、一物之毀，惻然必有動乎中，此又孰使之者？愚以為離卻天地萬物而言性者，非率性之旨也。（《明儒學案·江右王門學案一·四山論學》卷十六）

在第二章已論中晚明的政治、經濟和士人的心態。又據德溥，字汝光，號四山，江西安福人。他以《中庸》所描繪出理想的人一是以率性，觀照當時人的心態並指出其行為與所觀感，他提出現象後的存在者的問題解脫者、歸根者都是一種異化，以為脫「禮」能獲得自由，或以為不動心無感周遭之是物，都採以疏離的方式尋找自由與歸屬感，而求自我完成的人，以獨學不屑於經世之事，稱此乃追逐情識，他認為經世不是情識，是「覩一民之傷、一物之毀，惻然必有動乎中」是仁民愛物的精神，或從人而言是一體之仁，人不能獨善其身。

另外一種觀點，是在脫離聖王與經典下論經世，薛應旂（生卒年不詳），字仲常，號方山，江蘇常州人。〔註33〕他認為：「義協，則禮皆可以經世，不必出於先王；理達，則言皆可以喻物，不必授之故典。」（《明儒學案·南中王門學案一·薛方山紀述》卷二五）在此表述經世的原則是將公「義」置於第一義，禮於義後，可見他強調公義是重於禮序，同時更不服從傳統權威，他並不言仁、禮，可見更注重客觀性的準則。依此，教化是經世的內容之一，可分為兩種層次：上主治世，是德一而俗同；下主季（末）世，是德二三而俗異，可見上、下的立場之別，在於主張與效果的不同。

李見羅對於經世的觀點是在修身的前題之下立論，在人人與相互界定、在人與身分相應之行為活動中界定，即是人與社會的關係中自成，不離社會，

〔註33〕曾師事洛閩之學的邵寶、歐陽德、呂涇野其學以「致實尚實的良知說」顧憲成兄弟為其弟子。黃宗羲記述他曾「賞龍溪於察典」黃宗羲認為是龍溪言行不掩所以薛氏正是借龍溪以正學術。

其曰：

> 然仁孝吾身之善，敬慈吾身之善，信亦吾身之善，實非有他善也。
> 何嘗無定體乎？所以歸本之學，隨所處而地異，地異而修同；隨所
> 遇而時異，時異而止同。雖曰錯綜于人倫事物之交，亦曰歸宿于根
> 元命脈之處。歸宿處雖妙入無聲無臭之微，錯綜處實曲盡至頤至動
> 之變。可見修法原非粗跡，不待兼止言而後知；止法原非空寂，不
> 待兼修言而後知。此經世之實學，而盡性至命之正宗也。（《明儒學
> 案・止修學案・知本同參》卷三一）

　　他提出他所謂的經世之實學，亦是盡性至命的宗旨，可見獨善與兼善一
體之論，善性的發揮原是出於自身，雖隨外緣（時、空）條件有所不同，但由
目地上是相同。他表述以人不離與人倫事物，表顯出儒者的基本立場，黃宗
羲認為他以止為存養，修為省察，許敬菴認為他言詞中的道心與人心都屬於
「用」是忽略體，是主張太過，黃宗羲亦同意此見。這是緣於陽明主心性一
如，悟修雙行，而李見羅主性，以修為重，許敬菴的表陳與陽明學的立場相
同。而耿定向認為出世而後可以經世〔註34〕，他從經世所具的才識看，所謂
出世是知體的覺醒與統率，能與外接觸的四官能各盡其功能，可見他所指涉
知體是不限依於見聞，他主張要有一種超越與寬闊之知，才能經世。在人生
意義的價值上，經世的取向與學問的衝突，也往往出現在儒者的矛盾當中，
往往有強烈經世之士，他們往往陷入做「天下第一等事，是何人做？天下第
一等人，是從何事做起？」自認自命的思維之內，他們更常會質疑，或要求
實事與學理的一致。呂維祺，字介儒，號豫石，河南新安人〔註35〕，其曰：
「然而眼界不開，由骨力不堅，骨力不堅，所以眼界愈不開，以此思之，學問
下手處，可味也。而世往往目學問為偽為迂，某謂世之學者，豈無偽哉？而
真者固自真也。以偽為非，去其偽而可矣，至於學問不足經世，又何學之為？
以此思之，學力事業非兩事也。」（《明儒學案・諸儒學案下二・論學書》卷五

〔註34〕「知體透露出頭，不為聲色臭味埋沒，方能率令得耳目口鼻，使視聽言動各
　　　　循其則，此即出世而後能經世也。」（《明儒學案・泰州學案四・天臺論學語》
　　　　卷三五）
〔註35〕黃宗羲記述其言行：「昔人有言，人至察則無徒，第思國家多故，君父焦勞，
　　　　為臣子者豈能自己」、「逆奄之時，拆天下書院，以學為諱。先生與張抱初方
　　　　講於芝泉書院，幾中危禍。」可見到儒者的經世觀：是一種自命與在道德學
　　　　術的價值著眼。

四）一般人誤以為學問是「偽」是不變通，因有偽而廢真，不可因噎廢食，他主張學問是開拓視域、鍛鍊骨力（意志），即是學力，此乃是經世（事業）的基礎，故是體用一如並非兩事。

綜前所述，中晚明學者言「經世」實指向以治或學二個層面，人更該視其為目地是以親民愛物為主的一體之仁的經世精神，不能獨善以公義協調為第一序的價值，還須有知體與學問，才能致於經世。故而，可稱聖人經世。這在荀子的仕士的條件：「古之所謂仕士者，厚敦者也，合群者也，樂富貴者也，樂分施者也，遠罪過者也，務事理者也，羞獨富者也。」《荀子·非十二子》聖人所具的特質相較於荀子仕士的條件要高且多面向，而荀子認為樂富貴者、樂分施亦納入是士，相較而言荀子所言之士，是以現實面的人，而以聖人人格是一種理想面。可見經世是與內聖相連貫，如無聖人的價值與意義，經世只是一種權利、財富與名望的爭奪，相違或無益於經世背後的理想與超越，此謂「經世」反而是流於個人情識與私欲。王心齋以「聖人經世，只是家常事」的表述未多加著墨經世的內容，又以居上往下的論述方式，使聽學者（百姓）只從簡單、平易處論經世，易造成誤解經世的意義，這亦如牟宗三所言是法弊非人弊。

二、儒、佛之辨

已有研究者針對中晚明三教融合的課題深入探討〔註36〕，亦在呂妙芬〈儒釋交融的聖人觀〉一文中已羅列在此不在覆述。呂妙芬提到儒者講學經世某些學者已摻入大乘佛學的語言和思想〔註37〕，對其立場可由其下的小標〈近似菩薩的儒家聖人〉中瞭解，尤其文中所引證多《明儒學案》所歸之泰州學者如楊起元、管東溟。而這不採如此的論證，是基於討論中晚明的儒者對於經世的課題，是以直接面臨一種自我理解，不局於一學派立場，而是以儒者針對儒、佛之辨下，經世義涵與價值進行思辨。正如魏晉時，對於儒佛出家與在家之辨，傳統儒理相當重視「家」的意義，它連繫著國家、社會以及人行為活動的意義與培養之基礎。

〔註36〕彭國翔《良知學的開展──王龍溪與中晚明的陽明學》第七章、鄭志明《明代三一教主研究》等。

〔註37〕見呂妙芬〈儒釋交融的聖人觀：從晚明儒家聖人與菩薩形象相似處及對生死議題的關注談起〉《中央研究院近代史研究所集刊》，第三十二期，1999年，12月，頁167～207。

　　宋代陸象山即對於儒、佛之志向有所辨別：儒者以經世，釋者以出世。
蔡汝楠，字子木，號白石，浙江德清人，授於甘泉。他認為是一種公、私之
辨，此乃立於天與人的關係，其云：「貌言視聽思，天之所以與人者；恭從明
聰睿，人之所以體天者。若必以為根塵，則天何為與此垢累以戚人心乎？象
山先生曰：『儒者經世，釋者出世。』公私之辨也。」（《明儒學案・甘泉學案
四・端居窩言》卷四十）他從存有論的角度論，人之心體是人所體天，性體是
天所與人，反質釋家的天人關係，並以宋儒之說銓解，公者乃是以天人為主
是經世，私者是以人心（無念、無相）為主是出世。或許，儒者是以「明明德
於天下」、「天地萬物一體」之論，這些都已蘊涵於儒家的經典之內，是立基
於成己成物的觀念下，至宋代儒家提出是一種公、私之辨，並不是如同佛家
之普渡眾生，其中更重要可能是因儒家的宗族倫理的意識相關，由個人到宗
族的關係上展開，身與天下相通相貫，如羅汝芳認為：「吾人此身與天下萬世
原是一個」，從他宣揚以「孝、悌慈」為主張。或許我們要對於經世的概念澄
清，才能對於講學可否等同於宏教，儒學原具有教化性，但儒者自身的檢別
是在於其自認（立志）是能法（仿效）「聖人」而經世。

　　在儒佛之辨的問題上，王心齋乃是尊重各方的觀念，有人問王心齋佛老
得到儒學之本體如何？其曰：「體用一原，有吾儒之體，便有吾儒之用。佛老
之用，則自是佛老之體也（《遺集・語錄》卷一）王心齋的表述在體用一源的
概念下論，各有其體用不可能混同，聖人是體經世乃是用，固其是以聖人經
世言，可見不可分論，故儒者對於心性與經世非斷裂，是一方面以心攝理，
亦是攝理入心，乃是於體用一源的基礎下論述。故而，王棟亦強調儒學的經
世是「合下便在裁成天地輔相萬物上用功。日用一間一切明物察倫，齊家治
國，主張學術，植立人材，莫非裁成輔相之用，任大責重，如此苟無和順悅樂
胸懷，則其天理大公之體，竟埋沒於自私自利物欲堆中，何處出頭幹辦公事？」
（《明儒王一・庵遺集・會語正集》卷一）王棟一方面指出經世的內容，另外
也認為儒者以經世為職責，需有一個和順悅樂的胸懷，才能不耽於物欲之中，
其不同於江右學派的，何以「樂」與經世有關，其目的是在於除「私」，王棟
是以動態的心悅為工夫，相較於江右是以不同的方法在〈三山麗澤錄〉遵嚴
子問唐荊州關於消欲以靜坐工夫可否達到聖學，他從另一方說明儒家的經世
義涵其言：

　　　吾人未嘗廢靜，坐若必籍此為了手未免等待，非究竟法聖人之學，

主於經世原與世界不相離。古者教人只言藏修遊息，未嘗專說閉關
靜坐。……若以見在感應不得力，必待閉關靜坐養成無欲之體始為
了手，不惟蹉卻見在功夫，未免善靜厭動與世間已無交涉。……吾
人若欲承接堯舜姬孔學脈不得如此討便宜也。(《王龍溪語錄》卷一)

唐荊州的立場是以儒學的系統下思考，認為經世是不離世界與世間交涉。
但儒者仍自覺其有欲，故以良知為先以工夫克己為後，其範圍是在世界之中
做致知。又可從耿定向嚴辨儒佛之理的角度觀，在他給焦竑的書函中即討論
孔孟之教是以仁根為宗，其言：「竊詳彼教，大端以寂滅滅己處為宗。吾孔、
孟之教，惟以此不容已之仁根為宗耳。聖人之尋常日用，經世宰物，何亦非
此不容已者為之乎？然即此不容已之仁根，莫致莫為，原自虛無中來，不容
著見，著見便自是兩截矣。」(《明儒學案‧泰州學案四‧天臺論學語》卷三
五)他以彼教稱佛教，是以寂滅滅己與儒家不容已的仁根不同，且聖人經理
世事的源頭。而王時槐認為儒佛之別是在於：經世與出世，他是從悟修、經
世上分判，他回答郭存甫的一書函中表述，其云：

大抵佛家主於出世，故一悟便了，更不言慎獨。吾儒主於經世學問，
正在人倫事物中實修，故喫緊於慎獨。但獨處一慎，則人倫事物無
不中節矣。何也？以獨是先天之子、後天之母，出有入無之樞機，
莫要於此也。若只云見性，不言慎獨，恐後學略見性體而非真悟者，
便謂性中無人倫事物，一切離有而趨無，則體用分而事理判，甚至
行檢不修，反云與性無干，其害有不可勝言者也。善學者亦非一途，
有微悟本性，而慎獨即在其中者；有精研慎獨，而悟性即在其中者。
總之，於此理洞然真透，既非截然執為二見，亦非混然儱侗無別，
此在自得者默契而已。(《明儒學案‧江右王門學案五‧論學書》卷
二十)

他從儒家的立場下理解佛家，可從他以《中庸》的慎獨之說為據，雖他
先提佛家的宗旨，但後面皆論述儒理。他認為儒家的經世學問是於實際的人
倫事物中修習，故重視慎獨，而此乃是使人能於人倫世物之中可中節的關鍵。
他批評不可單論見性，否則流弊叢生：會使後學稍見性體以為真悟，而以為
性是架空於人倫事物之外而趨向無，使得本體與致用不一，更甚於行為不檢
修。他提出儒家既悟本性，也慎獨其中，是以自得與默契。王時槐所言儒家
主經世學問，是出於人倫事物之中，是同於耿定向，但是他更強調慎獨，而

耿定向相較只表述不容已的仁體的狀態，未申論工夫的層面，但王時槐強調以慎獨工夫經世。

　　此一論說，馮從吾追根究底的探源和更細緻的界說，認為兩者不僅於經世與出世的立場還在理論深層的不同。他在〈辨學錄〉中，首先提出佛家的真性的定義，而以此曲解儒家的「理」字，他試圖澄清儒家的宗旨，其謂：

　　知覺運動，視聽飲食，一切情欲之類，原是天生來自然的，原無思無為，寂然不動，感而遂，通何思何慮？佛氏窺見這些子，遂以此為真性，把吾儒這箇理字，以為出於有思有為，出於偽，如告子以人性為仁義，莊子以仁義為殘生傷性之類，不是天生來自然的。故孟子不得已，指點出箇「見孺子而怵惕」，「覩親骸而順祉」，「不忍殺觳觫之牛」，「不屑嘑蹴之食」之類，見得這箇理字，也是天生來自然的，無思無為，寂然不動，感而遂通，何思何慮？非以人性為仁義，而殘生傷性也。縱是說出多少工夫，就思說為，只是教人思這個無思的道理，為這個無為的道理，非義外，非揠苗，非強世也。吾儒宗旨，與佛老全不相干，後世講學不精，誤混為一，以上達歸佛，以下學歸儒，以頓悟歸佛，以漸修歸儒，以明心見性歸佛，以經世宰物歸儒。諸如此類，名為闢佛，適以崇佛，名為崇儒，適以小儒，何也？佛氏上達，吾儒下學，佛氏得上一截，少下一截工夫，如此是夫子下學儒而上達佛也，是佛反出其上，可乎？修而不悟，豈曰真修？十五志學，七十從心，漸也。以十五而即知志學，非頓乎？學而不厭，修也。默而識之，非悟乎？此吾儒頓悟漸修之說也。經世宰物而不出于心性，安所稱王道，先明諸心，知所往，然後力行以求至，非吾儒之言乎？今以上以悟以心性歸佛氏，以下以修以事物歸吾儒，是佛氏居其精，而吾儒居其粗也，有是理哉？不知佛氏之失，正在論心論性處，與吾儒異，不專在舍經世宰物而言心性；正在所悟所達處，與吾儒異，不專在舍漸修而言頓悟，舍下學而言上達也。……故彼所云性，乃氣質之性，生之謂性之性；吾所云性，乃義理之性，性善之性。彼所云一點靈明，指人心人欲說，與吾儒所云一點靈明，所云良知，指道心天理說，全然不同。雖理不離氣，而舍理言氣，便是人欲。天理人欲之辨，乃儒佛心性之分，此宗旨處，不可不辨也。（《明儒學案・甘泉學案五・辨學錄》卷四一）

　　他一方面針對佛理對真性的定義而將儒之「理」歸判為有思有為而出於偽，提出先秦的人性觀：告子、莊子之人性觀乃非天生自然，而孟子於是針對前兩者提出不忍之「心」即仁心，此乃天生自然之真性。另一方面，同時澄清儒家雖言工夫，但是要教人思「無思」，為「無為」，不是外植、助長或勉強於世。他批評後學之失，並強調儒旨是不同於佛旨，使得混同儒佛之義涵，而以上達頓悟、明心見性是佛，下學漸修、經世宰物是儒。他從以孔子為學之道的說明儒家本是兼具頓悟漸修、下學上達，而王道乃是出於心性才可能經世宰物。他認為以佛理為精，而儒理為粗是不合理，最後他提出佛的心性觀之所失，在於不專是以經世宰物、頓漸或下學上達，還有天理人欲之分，儒家以理：義理之性、良知天理，佛家以生死：氣質之性、人心人欲為宗（先氣後理）。他先肯定仁心是王道是經世宰物的根源，後又追根究底的補充天理人欲才是儒佛之別。

　　其次，宋儀望認為儒、佛對於經世的內容亦有不同，他在〈論學書〉一文中，他提出為什麼又須對於儒、佛的界說，是由於聖學的不明不擇而不精。他從道、言、實、虛、心、教幾個面向看佛學，並說明列舉唐代儒者對於佛學的心態是：「世之為儒學者，高未嘗扣其閫奧，卑未嘗涉其藩籬。其甚者，又陽攻其名，而陰攘其實。宜拒之者堅，而其為惑，滋不可解也。」進而產生許多不同對於儒、佛的界說，他羅列各種說法，亦提出自己的觀點，其曰：

> 考亭朱子則謂「以粗而角精，以外而角內，固無以大厭其心也。」至其卓然自信於精一不惑者，代不數人，而約之數端。有以為主於經世，主於出世，而判之以公私者矣。有以為吾儒萬理皆實，釋氏萬理皆虛，而判之以虛實者矣。有以為釋氏本心，吾儒本天，而判之以本天本心者矣。有以為妄意天性，不知範圍天用，以六根之微，因緣天地，而誣之以妄幻者矣。
>
> 有以為厭生死，惡輪迴，而求所謂脫離，棄人倫，遺事物，而求明其所謂心者矣。是舉其精者內者，以剖析摘示，俾人不迷於所向，而深於道者，亦卒未能以終厭其心也。夫聖人之學，惟至於盡性至命，天下國家者，皆吾性命之物，修齊治平者，皆吾盡性至命中之事也。不求以經世，而經世之業成焉，以為主於經世，則有意矣。佛氏之學，惟主於了性明心，十方三世者，皆其妙覺性中之物，慈悲普度者，皆其了性命中之事也。無三界可出，而出世之教行焉，

以為主於出世，則誣矣。(《明儒學案·江右王門學案九·論儒釋書》
卷二四)

　　他也從出世與經世分別，但他是以《大學》的表述義涵說明經世的意義，對於儒家是什麼？是以天下國家為一己的性命，修齊治平為以一己之事，不刻意求取經世而致經世，即是無思而為，而加入經世的內容，與在意與行上說明經世。而他分辨佛家是以明心見性、妙覺於性，最終是了斷性命中之事，那還有三界可離。在宋儀望的表述中，儒家是以「聖人之學」是經世，而耿定向是以「聖人」是經世宰物，一個是就儒學的系統，一個是以聖人(孔、孟)的系統分陳。

　　再者，又可從黃宗羲紹述胡直時提到其觀點，我們亦可從出世與經世看儒、佛之不同，但黃宗羲認為是「理」，其謂：

先生謂：「吾心者，所以造天地萬物者也，匪是，則黯沒荒忽，而天地萬物熄矣。故鳶之飛，魚之躍，雖曰無心，然不過為形氣驅之使然，非鳶魚能一一循乎道也。」此與文成一氣相通之旨，不能相似矣。先生之旨，既與釋氏所稱「三界惟心，山河大地，為妙明心中物」不遠。其言與釋氏異者，釋氏雖知天地萬物不外乎心，而主在出世，故其學止於明心。明心則雖照乎天地萬物，而終歸於無有。吾儒主在經世，故其學盡心。盡心則能察乎天地萬物，而常處於有。只在盡心與不盡心之分。義則以為不然。釋氏正認理在天地萬物，非吾之所得有，故以理為障而去之。其謂山河大地為心者，不見有山河大地，山河大地無礙於其所為空，則山河大地為妙明心中物矣。故世儒之求理，與釋氏之不求理，學術雖殊，其視理在天地萬物則一也。(《明儒學案·江右王門學案七·憲使胡廬山先生直》卷二二)

　　黃宗羲試圖理解胡直之論，認為他所言是與佛家的分別是：佛家雖也是以心，但其學是明心，歸於「無有」；而儒家是以心，其學是盡心，察天地萬物，是常處而「有」，兩者之分別的樞紐在於盡心與不盡心。然而，此觀點黃宗羲不贊成，認為胡直誤解佛家，他以學術上論，他認為兩者的分別是在於追求「理」與不求理，但兩者有相同之處是以天地萬物為理一。

　　綜上，對於經世的討論，中晚明儒者對於儒、佛之辨下進行儒家經世內容的說明與界定，雖然所論皆以不同角度說明，如工夫以《中庸》慎獨、《大學》天下國家等，但多數人還是認為經世乃是儒家之理的一種外顯特徵，心、

性命為儒家內蘊的特質，使之思維上多以求理為要，亦於此表顯著中晚明儒者分別在兩種系統中論述儒家的經世：聖學（群聚的意向）與聖人（個體的意向），而有些儒者主傾於其一，或是雙兼。據此，可知儒家是必然與經世不可分，但是以治或學其中何種方式經世，在「由仁義行」的原則下，卻是可由人意行，並非絕然二分，或絕對其一。

第八章 中晚明儒學與當代西方的轉化

在前章節已論述，陽明後學對於內聖與經世的概念與意義，或許我們可以更進一步追問中晚明儒學是否有現代「內聖外王」的因子或可能性？這與儒者如何面對自我訴求與社會要求之間的問題，與如何看待中晚明惡劣的時局，這論題指向著群己關係。

目前學界對於儒學的群己觀的討論有三種途徑：一是由儒學是否可與現代接軌，或是儒學的現代發展的課題，學者們多半是從明清思想的轉換中，去尋找可能的契機，如余英時《現代儒學論》、狄百瑞（Wm. Theodore de Bary）《中國的自由傳統》、《明代的自我與社會觀》（Self and Society in Ming Thought）；或是以儒學的可能為研究，如林安梧〈後新儒學的新思考：從「外王」到「內聖」一以「社會公義」論為核心的儒學的可能〉、何信全〈儒家政治哲學前景一從當代自由主義與社群主義論爭脈絡的考察〉、李明輝〈由「內聖」向「外王」的轉折一現代新儒家的政治哲學〉；再者是從整個儒學系統，如林安梧《儒學與中國傳統社會之哲學省察》、《儒學與自由主義》、何信全《儒學與現代民主：當代新儒家政治哲學研究》與〈儒學與自由主義人觀的對比〉、李明輝《儒學與現代意識》、任劍濤《道德理想主義與倫理中心主義儒學倫理及其現代處境》、蔣慶《政治儒學一當代儒學的轉向特質與發展》。上述眾多的研究，其有一個共同之目的是欲為傳統儒學開出一扇可通往現代的窗口，雖方法是不同：其中有以批判與重建、融通、對話、比較等的方式。可助益於本文之處：第一種途徑是與本論中晚明儒學直接相關，第二種與本論核心觀

點與發展切合，第三種途徑與本文是間接相關，其中若干觀點，對於中晚明
儒學與當代政治哲學的轉化有關。

　　傳統儒家以宗族血緣關係為主，是士、農、工、商等職業分貴賤（階層
社會），當其重心漸漸轉移到「第五倫」時，是否意謂著走向一種公共關係，
而士、農、工、商都是平等（大陸學者稱之為新四民論），是否是邁入平民社
會的重要指標。這關切於是否具有現代性的課題，儒學與現代社會可否相應？
余英時提出現代儒學是「游魂」的看法乃是一種語重心長，實際在其強烈的
指謂中，他所要表述與強化的是它的原初是「儒學的價值必求在『人倫日用』
中實現」〔註1〕，依此，儒學實深植於中國社會之中，並且中晚明儒學相當關
注人倫日用，尤其是王心齋與泰州學。

　　當代儒學的研究關懷課題是儒學可否開出外王，蔣慶批評牟宗三所主張
「良知的挨陷」可能開出新外王，而提出「用陽明『直貫的外王形態』來開出
當代事功」〔註2〕之觀點，他不認為西方的制度可以帶出，於是在中晚明找尋
未來中國理想社會的模式。兩者的歧見是對於「外王」的內容與以何種方式
開出，但對「內聖外王」的可能都抱持以高度的支持，乃基於兩人都立基於
儒家的立場。當代對於內聖外王的問題，不該急於設定為新外王的對象（民
主、科學），而外王的開出不是單一條件即能打造，它關係著外緣條件與內緣
條件是否聚成，因此，這側重於討論中晚明是何種條件可促成「內聖而外王」。
然而，希望藉由中晚明儒學的重要概念，與西方當代政治哲學交涉：羅爾斯
（John Rawls，1921～2002）自由主義與麥金泰爾（Alasdair MacIntyre，1929
～）社群主義〔註3〕，對於中晚明儒學群己〔註4〕定位及其關係的探討，以對

〔註1〕余英時：《現代儒學論》，香港：八方文化企業公司，1996 年，頁 V。

〔註2〕蔣慶：《政治儒學》，北京：生活・讀書・新知三聯書店，2003 年，頁 57～95。

〔註3〕余英時以集體與個體分析，提到中國傳統既非個體主義，也非極端的集體主
　　　義型，而毋寧近於社群式，但不過是說型態相近而已，他認為這不代表中國
　　　傳統不存在缺陷，反而提到要發現傳統的缺陷而予以現代性的調整是更重要。
　　　狄百瑞乃以自我與社會論，對於中國與西方的歷史經驗中的相異處的討論與
　　　分析。吾人以為此仍未脫離群己關係而論。余英時：《現代儒學論》，香港：
　　　八方文化企業公司，1996 年，頁 165～169。Wm. Theodore de Bary. Self And
　　　Society In Ming Thought, New York: Columbia University Press, 1970.

〔註4〕余英時指出嚴復是最早使用這概念，以「群己權界論」翻譯穆勒（John Stuart
　　　Mill）的自由論（On Liberty 余英時亦提出以現代話語言說《大學》的概念是
　　　有鴻溝。余英時：《現代儒學論》，香港：八方文化企業公司，1996 年，頁 165
　　　～169。或許對於中晚明儒者的群己觀或話語可以弭平此縫。

話方式讓各自顯現自身的群、己意義與價值，在尊重與瞭解各自的論述脈絡，再提出其相互轉化的可能之處，不僅讓中晚明儒學所蘊涵的自由與社群的義涵呈現，亦使中晚明儒學與西方理論可找到相互補充與增益的中立價值，即是一種共濟。

第一節　中晚明儒學與當代西方的公、私觀

　　對於群己一詞乃是複合詞，其原是兩個單字所相合，「群」字本義是輩，乃是同類相聚、朋輩、合、眾多等的義涵，「己」字本義是別絲，乃指是治絲分以記識，後以「行為者」乃是別義，有私欲的義涵。兩字雖未有並用，但在秦儒學中有相當豐富的資源，如子曰：「君子矜而不爭，群而不黨。」《論語‧衛靈公》孔子認為群己關係是在朋輩間不爭，與眾和好而不相助匿非的群己模式，孟子對於群己關係討論相較荀子是重於反求諸己、正己，強調道德的自律性不外於「群」〔註5〕，以仁義為核心，而荀子卻對於群的討論相較於孟子是正面肯定群的重要，強調道德的他律性，並且以學為修己。從物類的現象看，草木叢生，禽獸之群〈勸學〉推導到：「人之生不能無群，群而無分則爭」〈富國〉，但又提出人與草木禽獸不同乃是因群，認為：「人何以能群？曰：分。分何以能行？曰：義。……君者，善群也。」〔註6〕〈王制〉荀子重視王道政治、制度，以尊君隆禮為核心。對於如何理解仁義與隆禮，或是否二分理解，李明輝認為的確有分，但統於孔子，因此，其批評蔣慶忽略另一層面，其謂：「但在『內聖』與『外王』、『仁學』與『禮學』之間卻具有本末主從的

〔註5〕孟子曰：「人皆有不忍人之心。先王有不忍人之心，斯有不忍人之政矣。以不忍人之心，行不忍人之政，治天下可運之掌上。所以謂人皆有不忍人之心者，今人乍見孺子將入於井，皆有怵惕惻隱之心；非所以內交於孺子之父母也，非所以要譽於鄉黨朋友也，非惡其聲而然也。由是觀之，無惻隱之心非人也，無羞惡之心非人也，無辭讓之心非人也，無是非之心非人也。惻隱之心，仁之端也；羞惡之心，義之端也；辭讓之心，禮之端也；是非之心，智之端也。人之有是四端也，猶其有四體也。有是四端而自謂不能者，自賊者也；謂其君不能者，賊其君者也。凡有四端於我者，知皆擴而充之矣，若火之始然、泉之始達。苟能充之，足以保四海；苟不充之，不足以事父母。」《孟子‧公孫丑上》

〔註6〕「群道當，則萬物皆得其宜，六畜皆得其長，群生皆得其命。故養長時，則六畜育；殺生時，則草木殖；政令時，則百姓一，賢良服」〈王制〉荀子強調群體的重要與價值，其所側重是於社會性的面向。

關係。」〔註7〕兩者須是統合，不能只注重平等、互補。於此，或許我們回歸於基本面，從當時的問題意識上對於群己的關係討論〔註8〕，一方面不會狹義化仁或禮的內容，尤其觀念的流變上，所重是不同。鑒此，我們針對中晚明的重要課題探討，與當代西方所關心的課題：一是道德場域的界定以公、私之分，這亦是哈伯瑪斯曾批判自由主義與社群主義，兩者各忽視公領域的自主與私領域的自主〔註9〕；一是以正義或德性為普世道德的內涵論，哈伯瑪斯認為倫理問題不能由道德觀念決定，應當視它們共有的善的觀念而定〔註10〕。下列即展開他們的觀點的探討：

一、中晚明儒者的公、私觀

在明代承繼對於宋代以「去人欲存天理」的命題，使得中晚明特別重於公私之辨，即天理之公與人欲之私的討論。王陽明在《傳習錄‧答徐成之》指出「公」（天理）的意象，心在日用間，不操持不助長（保常與順應），而以以個人自得為目的；「私」的意象是不順應，換言之是過於強求。王陽明認為意念乃一切道德歸判的關鍵，在《傳習錄‧與陸原靜》他認為無、有功利心分公私：公是以無功利心雖做日用之事仍是實學、是天理；有功利心即便談道德仁義還仍是功利之事，他認為心（思想）與事（世界）是一致、相符為私，言論（子史詩文）雖是以公，都還是私。他反對「專」事於功氣節名，認為功業氣節（效果）是順應（方式）而來。良知呈現天理，亦發現私意人欲，而取捨判斷善惡真妄都由良知來承擔，因此，陽明認為在意念恆保持中的狀態（不偏不倚），「須是平日私心蕩除潔淨，廓然純乎天理，方可謂中。」《傳習錄》陽明的良知學是以天理為純善價值的衡量標準，人欲為雜惡的價值，以「中」道對應於現實世界的變化。這是從個體上要求，人的意念要合於天理與良知

〔註7〕李明輝，〈由「內聖」向「外王」的轉折─現代新儒家的政治哲學〉，《中國文哲集刊》，第23期，2003年9月，頁347。

〔註8〕余英時認為我們對於現代性的理解往往是以集體與個體的兩極。然而，實際討論現代性一概念若不簡約界定，所關涉是龐大的當代社會理論，或更寬泛如現代性的特質、成因、制度面向，又如現代性與自我認同的關係，甚至可延伸到現代化是否等於西化的問題。

〔註9〕見曾慶豹：《哈伯瑪斯》當代大師系列11，台北：生智文化事業有限公司，1998年，頁317。

〔註10〕見曾慶豹：《哈伯瑪斯》當代大師系列11，台北：生智文化事業有限公司，1998年，頁321。

的客觀價值，所以陽明後學對於討論良知對僅是針對「意之所發，心之所存」討論如何省察、研幾。

　　其次，在儒佛之辨的課題上，在歐陽德對羅整菴論述良知，不是如釋氏「有見於心，無見於性」，其曰：

> 知覺與良知，名同而實異。凡知視、知聽、知言、知動皆知覺也，而未必其皆善。良知者，知惻隱、知羞惡、知恭敬、知是非，謂本然之善也。本然之善，以知為體，不能離知而別有體。蓋天性之真，明覺自然，隨感而通，自有條理，是以謂之良知，亦謂之天理。天理者，良知之條理；良知者，天理之靈明，知覺不足以言之也。（《明儒學案・江右王門學案二・文莊歐陽南野先生德》卷十七）

他區分兩者的不同，知覺是指知道視、聽、言、動，它不全然都是善，而良知是指知道惻隱、羞惡、恭敬、是非，是一種本然的善。他又以為良知是以「知」為本體，但不是知覺，而良知的條節與規律是惻隱、羞惡、恭敬、是非，良知意謂著是一種內在於人的規律，天性之真。如果從宗教意識去瞭解知覺，會是以感應表述，顧憲成在〈感應篇序〉澄清儒家的天理是「去魅」，其曰：「感應所以為鬼神，非有鬼神以司感應。聖人以天理如是，一循其自然之理，所以為義。佛氏以因果如是，懼人以果報之說，所以為利。」（《明儒學案・東林學案一・雜著》卷五八）他認為儒家是以天理，循其自然之理（非有鬼神以司感應），以義為行為活動的依循；釋氏以因果，以人的果報，以一己之利是依從。日本學者荒木見悟在《佛教與儒教》一書的序言中提到儒者以悍衛其理論的純正，進行對於佛者的批判，反而造成自我的潔癖性〔註11〕，儒者一方面澄清自我的立場性是為自我理解，以供儒理的發展，另一方面藉著融攝佛理（他者）的問題意識改善儒理的缺乏，他們多還是以原則性的界說，以至於發展到晚明有三教融合的趨向。

　　王心齋亦同於顧憲成，在此種思維下，指出「天理者，天然自有之理也；纔欲安排如何，便是人欲。」他們認為合於自有之理是一種自然的「真」與最高的價值，如果刻意去做，即便是人欲，他們強調意念上的無目的，可保持天理的客觀性與規律，在內人的心上確保於真與善。然浙中顧應祥認為固然在意念上即去惡為善，這僅是知，真正困難是在於「行」，如果知與行相合則

〔註11〕參見荒木見悟：《中國哲學前沿叢書——佛教與儒教》杜勤、舒志田等譯，鄭州：中州古籍出版社，2005年，頁1～2。

是人人皆可為聖人，且不論其對於意的解釋是否合於陽明，但其突顯出良知本然與外在條件的關係，陽明即提出知行合一即可「人人為聖人」，但黃宗羲即指出顧應祥的問題是知而後行是二方斷裂，同時知行的說法無疑保證先天是聖人，而後天努力成聖的可能是不可能，倘若陽明如此立論，此是否阻隔了百姓可為聖人的可能性，而陽明在朝為官雖意識到，但仍無法跳脫其處境，亦如林安梧所言他仍為王朝政權服務〔註12〕，而王心齋一介平民，身於在野所意識到的良知卻不然，於是他較陽明更積極地將良知推向平民百姓，使百姓意識到自身乃是一個體，能於日用之間心能自覺自尊，不完全依賴王朝，強調「身」只要求生存權，這是立基於人根源性的平等，亦是普世價值，他跨出側重於心的思維，往身的要求，故其提出明哲保身之論。若單就個體生死上論，會以為其是貪於一己之私，但其訴求的對象是群體，要求百姓都能「安身」，此乃走出一種只為道德或義務性為王朝服務的框架。

但在一個濃厚道德的社會之下，東林學者憂心此風氣所開啟的效應，又或陽明後學唐順之在給蔡木子的書信中，即提出要小心不可放任，其曰：

> 小心兩字，誠是學者對病靈藥，細細照察，細細洗滌，使一些私見習氣，不留下種子在心？，便是小心矣。小心非矜持把捉之謂也，若以為矜持把捉，則便與鳶飛魚躍意思相妨矣。江左諸人，任情恣肆，不顧名檢，謂之灑脫，聖賢胸中，一物不礙，亦是灑脫，在辨之而已，兄以為灑脫與小心相妨耶？惟小心，而後能洞見天理流行之實，惟洞見天理流行之實，而後能灑脫，非二致也。（《明儒學案·南中王門學案二·荊川論學語》卷二六）

他認為小心是細察細除不以私見習氣，不是固守於矜持把捉而是重於判斷，在他眼中，舉江左學者是重於私，因他們不重小心，只在心上求灑脫而在行上不顧名譽檢視，他側重理智的照察與洞見是優先於灑脫，這類型乃傾向於朱子學的觀點。而被唐順之批評主以灑脫者，在對於名與私的看法並不因之而主快樂或隨任，王龍溪在〈送甘欽采〉一文中，他的觀點：

> 學者大患在於好名，今之稱好名者，類舉富貴誇耀以為言，抑末矣。

〔註12〕林安梧檢討內聖的問題，後來以致於「內在心性修養」為優位的原因，是由於皇帝專制的傳統，使得科舉的教本僅以四書忽略了五經。故只能限於內聖。林安梧，〈後新儒學的新思考：從「外王」到內聖─以「社會公義」論為核心的儒學可能〉，《鵝湖月刊》，第三十卷，第二期，2004年9月，頁17～18。

凡其意有為而為，雖其跡在孝弟忠信禮義，猶其好名也，猶其私也。古之學者，其立心之始，即務去此，而以全吾性命之理為心。當其無事，以勿忘勿助而養吾公平正大大之體，勿先事落此蹊徑，故謂之存養；及其感應而察識其有無，故謂之省察；察知其有此而務決去之，勿苦其難，故謂之克治；專事乎此，而不以怠心間之，故謂之不息；去之盡而純，故謂之天德；推之純而達，故謂之王道。(《明儒學案·浙中王門學案一·文集》卷一一)

王龍溪指出多數學者的心態是好名，他表述的好名是喜以富貴誇耀，雖欲有為於世，他在道德行為活動上仍是遵行，他仍舊被認為是一個好名之私者。可見他們嚴格的檢視意識處，不僅是自身對他人亦是如此。他是基於前人主張「全吾性命之理為心」，對於意識乃是以消極的不忘不助的態度育養自身，透過這途徑通向為「公平正大」的本體，不事先預置「公平正大」，所以稱之存養，以臨事當中感應而察視有無，乃是省察，他與唐順之相同都主不預有成見，兩者不同是一個主在先察能有洞見，另一是以察知而去除之，主「勿苦其難」為克治，雖專但不滯於意識觀念之內，他稱此為不息，最後前述皆摒除即是天德，而能純化而通達是為「王道」〔註13〕。

對天理與人欲的分辨，不僅王學後學重視，在甘泉洪覺山的表述中我們也可以發現他也關注，他在〈理學聞言〉中表述他看重善惡的根源處，起念於人欲之私就是危，反之起念於天理是安，如果不於原初的細微處入手，就冒然行事使自己身陷於害中。他們認為如是一個智者即要觀理欲，而有入於利害之中，利害曲轉使人更昏塞。一向被晚明學者所批評的泰州，對於天理人欲的理解是不同地，耿定向謂：「天理人欲，原無定名，以其有條理謂之理，條理之自然謂之天，動於情識謂之欲，情識感於物謂之人。故天理而滯焉，即理為欲；人欲而安焉，即欲為理。凡欲能蔽其心，而理則心之良也。」(《明儒學案·泰州學案四·桐川語錄》卷三五)他的詮釋不是截然二分的高懸天

〔註13〕王龍溪所言的王道是由意識上所開展出。蔣慶在〈王道政治是當今中國政治的發展方向－答何謂王道政治的提問〉一文中以「王道」的核心內涵是政治權力的「三重合法性」，此是指必須同時具有「天地人」三重合法性才能合法，天的合法是指超越神聖的合法性，地的合法是指歷史文化，人是指人心民意。王龍溪所指的王道是從個人推到群體，心的省察→天德→王道，與蔣慶以《尚書·洪範》為據是相當不同。蔣慶，〈王道政治是當今中國政治的發展方向－答何謂王道政治的提問〉，《鵝湖月刊》，第三十卷，第二期，2004年9月，頁26～27。

理，而將天理與人欲並列，以理是自有的條理，天是條理的自然，天理仍是一客觀，其欲的說法乃是基於〈樂記〉情感於物乃是主觀性，雖然如此，但他還是持論「以理為良，欲掩蔽心」。

再者，何信全在〈儒家政治哲學的前景：從當代自由主義與社群主義論爭脈絡的考察〉〔註14〕對於儒家的溯源至孟子，以孟子的心性討論，有所遺之處乃是未深究孟子的效益觀，然此乃是當代西方哲學所對峙與批判的問題。中晚明儒者他們對於外在的表象不重視，如事功、名、財富等，而是更關切個人的內在世界如何，他批判當時社會的心態以逐外，泰州學者亦是不贊成逐外，其曰：

> 問：「如何是安靜以養微陽？」曰：「《詩》云：『小心翼翼，昭事上帝。』只是謹慎保守此個靈根，常是閒閒靜靜，欣欣融融，便是得其所養。今人只要向外馳騁，安得陽長陰消？且如人一時收攝精神，略見虛明光景，便將平日才智襯貼起來。多聞見者，馳騁於聞見；能立事功者，馳騁於事功；善作詩者，馳騁於詩；會寫字者，馳騁於字；以至要立門戶，要取聲名等等，恢宏皆作勞攘，精神逐外，白日鬼迷，當如陽復何哉！」（《明儒學案·泰州學案一·語錄》卷三二）

他的表述以詩經的觀點為核心，即「昭事上帝」是以存養，即是保持精神的閒靜與欣融的狀態。他指出向外逐取的問題，以虛明光景為真與是，只重才智：聞見、事功、詩、字、聲名，這是精神的逐外。當然並非所有事功皆不善，他們認為值得推崇不是單以事功而言，是以「堯、舜之世，道德事功，見於典謨者」、「文章性道分不得。看來為學只在當下，學術事功亦分不得也」，他們認同道德（立德）與學術（立言）立場下可論事功。從而，當時有自覺的仕者都不言事功，宋儀望指出先秦儒者不推崇事功，其云：

> 時至春秋，聖君賢相不作，人心陷溺，功利橫流，孔子以匹夫生於其時，力欲挽回之，故與群弟子相與講明正學，惓惓焉惟以求仁為至。夫仁，人心也，即心之生理也。其言曰：『夫仁者，己欲立而立人，己欲達而達人。』解之者曰：『仁者以天地萬物為一體，手足痿痺即為不仁。』此仁體之說也。當時在門之徒，如予、賜、由、求

〔註14〕何信全，〈儒家政治哲學前景—從當代自由主義與社群主義論爭脈絡的考察〉，《現代價值與儒學傳統中華文化與現代價值的激盪與調融（一）》，台北：喜瑪拉雅研究發展基金會，2002 年，頁 6～8。

最稱高等，然或膠擾於事功，出入於聞見，孔子皆不許其為仁。惟
顏子請事竭才，直悟本體，故孔子贊《易》之後曰：『有不善，未嘗
不知，知之未嘗復行，顏氏之子，殆庶幾焉！』此知行合一之功，
孔門求仁宗旨也。（《明儒學案‧江右王門學案九‧陽明先生從祀或
問》卷二四）

　　他舉出春秋時惡劣的社會景況，孔子對治當時的作為是講學倡導正學，
以仁為宗旨，而其中孔子的弟子在朝位高職，他認為他們不被言許為「仁」，
乃是基於身於事功和出入聞見，其中顏子乃符合於仁，他認為孔子晚年研《易》
後對顏子知而未行仍有缺失，相較王心齋反而認為顏子是知而復行者，在此
暫不論顏子如何，而此表述著他們關切的問題不僅是於意念純正，還須尚行
為能與意相合。泰州學者耿定向藉孟子說明並不是不主張事功，而重在人對
於事功的效果，是否能不受影響與動心，其曰：

孟子所以不動心者，原所由之路逕與世人殊也。使孟子所學在事功
一路，欲建王霸之業，則須據卿相之位，乃能操得致之權也。顧心
一繫於卿相之位，則得失毀譽交戰于前，雖欲強勉不動，不亦難乎？
孟子生平，惟學孔子一路，則不藉名位，不倚功能，仕固可，止亦
可，久固可，速亦可。譬之行者，日緩步於康莊，東西南北，惟其
所適，即有颱風巨浪，傾檣摧楫，心何由動哉！（《明儒學案‧泰州
學案四‧天臺論學語》卷三五）

　　耿定向從學術的源頭上，看孟子學是不同於世人，以其學用於事功，將
會造成志於「欲建王霸之業，則須據卿相之位，乃能操得致之權」使心陷於
名位的困難與問題（強勉不動），他認為孟子本身是不依於外不求於名位、功
利，他以行者喻孟子，緩步與所適，能不動心。宋儀望認為所謂的公，是於義
「義者，心之宜，天理之公也。言集義，則此心天理充滿，而仁體全矣。」
（《明儒學案‧江右王門學案九‧陽明先生從祀或問》卷二四）他乃以孟子的
集義與告子的仁內之說相互說明，此是「因病立方，隨機生悟」，總歸於仁。
　　「義」概念是儒家在人與他人重要的概念﹝註15﹞。在北宋周濂溪在《太

─────────────────

〔註15〕在孔子的表述中義乃是有道德之人的本質，且是相應於相同的道德的行為，
　　　　如子曰：「君子義以為質，禮以行之，孫以出之，信以成之。君子哉！」《論
　　　　語‧衛靈公》、「君子喻於義」是以為核心「義」概念，而其所重視的德是中
　　　　庸，雖《論語》中出現仁的次數多達105次，多數學者以此為孔子的核心，
　　　　忽略《論語‧雍也》中提到：「中庸之為德也，其至矣乎！民鮮久矣。」孔子

極圖說》，首先將「仁義」與中正概念相連使用，並且隸屬於儒家的最高典範
的內涵。然在單項的表述道德的意義下，他認為「愛曰仁，宜曰義，理曰禮，
通曰智，守曰信」，這對於「義」的詮解不再家庭倫理的思維，而針對普遍的
事而表述一種狀態，即是適切。朱熹認為周濂溪確立人道以「仁義中正」是
有別於孟子，朱熹認為最值得注意的是「中正」，他詮解此義是「中是禮之得
宜處，正是智之正當處」他填入孟子的概念於內解釋，以中為體與禮為用，
其效是得宜；以正為體，智為用，其效是正當，他以「誠無為，幾善惡」顯現
一種隱默之知，不須人為的造作，而是在本來狀態下，洞識善惡之際。依此，
鄒東廓在人與萬物的關係上看「仁義中正」，其曰：

> 濂溪主靜之靜，不對動而言，恐人誤認，故自註無欲。此靜字是指
> 人生而靜真體，常主宰綱維萬化者。在天樞，名之曰「無聲無臭」，
> 故揭「無極」二字；在聖學，名之曰「不睹不聞」，故揭「無欲」二
> 字。天心無言，而元亨利貞無停樞，故百物生；聖心無欲，而仁義
> 中正無停樞，故萬物成。知太極本無極，則識天道之妙；知仁義中
> 正而主靜，則識聖學之全。（《明儒學案・江右王門學案一・東廓語
> 錄》卷十六）

他在人的存有，是主宰制度與萬物造化。他以天機、識天道之妙表述天

認為中庸是道德之中最高的價值。到孟子多以仁義並舉，而仁義的義涵主要
還是以家庭倫理為論，「親親，仁也。敬長，義也。無他，達之天下也。」《孟
子・盡心上》仁義雖是以家庭的道德，到推到他者，能以「無他」則是屬於
社會倫理的部份。對於君子的看法，不再只在本質上（義或性）與相映的行為
結果，而更強調於心的內容「仁義禮智」，所以他在《孟子・離婁上》特別針
對言與身說明自暴自棄這種消極性的言行是不值得取法，甚至提揭出「仁，人
之安宅也；義，人之正路也。曠安宅而弗居，舍正路而不由，哀哉！」在孟子
從共同性上論，仁是人的歸宿，義是人的正路。又孟子認為人的善惡可以透過
眼睛知道，而胸若處於「中正」則眼睛是清澈明瞭。孟子將特定於君子的義轉
變為社會中人的正路，即是將原初的個體性推擴向群體性。這在荀子認為人之
道君子之道是禮義，「先王之道，仁之隆也，比中而行之。曷謂中？曰：禮義
是也。」《荀子・儒效》荀子也是依「中」而行，此中是禮義。雖荀子多舉論禮
義但對於塗人是具有仁義之理，在〈性惡〉一文肯定塗人可以為禹，是因「今
使塗之人者，以其可以知之質、可以能之具，本夫仁義之可知之理、可能之理，
然則其可以為禹明矣。」他並提出以學的途徑「積善而不息，則通於神明，參
於天地矣。故聖人者，人之所積而致矣。荀子重行，以禮義，但繼孟子之後將
仁人降至塗人皆有可以知、可以能之理，更提出工具理性的方法可以仁義，甚
至可以為聖。然荀子在義的工具性這還是在德治的觀點。

（世界）與人的關係，世界生生不息的運行，而聖人法天以仁義中正，故萬物各成其行。劉宗周言此「幾」，是在於人倫關係上，其曰：

> 濂溪曰：「幾善惡，即繼之曰德，愛曰仁，宜曰義，通曰禮，知曰智，守曰信，此所謂德幾也。」道心惟微也。幾本善而善中有惡，言仁義非出於中正，即是幾之惡，不謂忍與仁對，乖與義分也。先儒解幾善惡多誤。（《明儒學案・蕺山學案・語錄》卷六二）

　　朱子所言的道統下，中晚明儒者相當重視幾微的探討，劉宗周在人倫關係看，以性善為底蘊，認為道心是很幾微，所以人必須於意上審察善惡，如此便能獲得到德性的相貫性：愛是仁、宜是義、通是禮、知是智、守是信，這即是中正，亦是仁義，他主張「仁義」出於「中正」。而王陽明對於「義」的論述不是以「仁義中正」，乃由於他主張的良知學是以格物為內部意念工夫的緣故，未多作價值性的申論，是以「義」在作用上的形式、外部〔註16〕義涵，又於解釋孟子的心主要是在於集義工夫的，此「義」他是連接「所行」，換言之，心的集義使行無不是義，可見「義」又不僅是外部，如果所聯繫的對象是心則是主內〔註17〕。羅念菴認為「常知幾，即是致知，即是存義，到成熟時，便是知止，得所止，則知至矣。」他的表述將存義的義涵指向是察幾微的變化，時中即知道「至」，他的論述更清楚指向是一種體驗之知，不是表層求事事物物之理，而是更高層次的認知。

　　另外，王陽明對於良知的表述上，也以「義」解釋良知，在王陽明與門人的一段對答，陽明乃針對此人對於「義」界說。有人問《大學》所提的厚薄之義涵，若運用在人與物同體的論點上是如何？在他們問答之際，共同意識到人與周遭的世界是相聯繫。他是以有機的世界觀說明義的概念，「良知上自然的條理即是義」〔註18〕黃宗羲也認為既然是自然更不用強言條理（規律）。南中

〔註16〕「為學須得簡頭腦，工夫方有著落，縱未能無間，如舟之有舵，一提便醒。不然，雖從事於學，只做簡『義襲而取』，只是行不著、習不察，非大本達道也。」《傳習錄上》

〔註17〕「孟子不動心與告子不動心，所異只在毫釐間。告子只在不動心上著功，孟子便直從此心原不動處分曉。心之本體原是不動的，只為所行有不合義，便動了。孟子不論心之動與不動，只是集義，所行無不是義，此心自然無可動處。告子只要此心不動，便是把捉此心，將他生生不息之根反阻撓了。」《傳習錄》

〔註18〕問：「人與物同體，如何《大學》又說個厚薄？」曰：「道理自有厚薄，比如身是一體，把手足捍頭目，豈是薄手足？其道理合如此。禽獸與草木同是愛的，把草木去養禽獸，又忍得？人與禽獸同是愛的，宰禽獸以養親，供祭祀，

學派薛方山認為「義」與禮是儒家對外經世的重要核心，其曰：「義協則禮皆可以經世，不必出於先王；理達則言皆可以喻物，不必授之故典。」（《明儒學案‧南中王門學案一‧薛方山紀述》卷二五）他的表述是法後王的觀點，如荀子即主禮，此禮的積極面即是法的型態，而薛方山主張以義與禮，意謂是以正當性與合儀（法）性的義涵。與在晚明時主以經世實務的東林學派顧憲成相較之下，顧憲成仍無那出離，而提出敬義非二物，他主張敬義夾持，但此仍還是在於一個人的身心與內外的道德行為上的課題，尚未跨入經世的領域。

在以上的討論，儒者乃是把握根源與宗旨，所以主於意念上保持「中」，以知察、省察於公、私。而公是天理之純善與真，私則是人欲之雜惡與偽，而中晚明學者所關注是一個體的精神層次；在儒佛之辯認為儒家面向人倫是公、釋氏面向個人是私，即是站在群己的關係層次看問題；他們對於事功問題的態度，是有取捨：可守是道德、學術，認為此屬於內在價值，他們是以積極、正面之向度看待，故認為可以論其事功；可棄是名位、財富、權利，認為此屬於外在的價值，他們是以消極、負面的態度看待，故強烈批評。耿定向亦可代表中晚明儒者的憂慮，實際上他指出心學的理論傳統下，如果只光言事功可能造成趨名利的問題，即便是ㄔ多正心學的劉宗周還是以「防微杜漸」的思維，顧慮此演變成「浸為小人之無忌憚」，所以他們致力於孟子之學找理據，以第一序價值是不為富貴名利所動心（孟子言放心），即便後來東林學派提出仍是以道德經世之論。他們雖身處於嚴法的社會體制之下，儒者始終信守著「反身自誠」的思維，不強求外在條件的改變，而是要求自身能處於社會之中。

燕賓客，心又忍得？至親與路人同是愛的，顛沛患難之際不能兩全。寧救至親，不救路人，心又忍得？這是道理合該如此。及至吾身與至親，更不得分彼此厚薄，蓋以仁民愛物皆從此出，此處可忍，更無所不忍矣。《大學》所謂厚薄，是良知上自然的條理，便謂之義；順這個條理，便謂之禮；知此條理，便謂之智：終始這條理，便謂之信。」〈《陽明傳信錄》傳習錄〉〔既是自然的條理，則不如此便是勉然的，更何條理？所以佛氏一切胡亂，只得粉碎，虛空，歸之催佃。〕（《明儒學案‧姚江學案‧陽明傳信錄》卷十）陽明回答首先從人對於事理的關係上解釋，它原本有厚、薄之分，他以人的身體比喻事理，身體原是一體（人與自己），如果有外力傷害時，手足自為的保護頭部與眼部，他不認為是薄手足。在從層層不同關係上看：草木與動物（物與物）、人與動物（人與物）、至親與路人（人與人），而相同是「愛的」、但草木去養禽獸、宰禽獸以養親、寧救至親，不救路人「忍得」，以這樣是合理的事理，但自己與親人更不會分厚薄。

二、當代西方的公私觀

在討論西方當代哲學之前，須先指出社群主義與自由主義兩方的哲學論述的背景是立基不同：以麥金泰爾為代表重視社會內容與社會語境，論述方式是以歷史敘事，他描述啟蒙主義的理性主義的價值觀的起源和轉變，並認為此結合道德合理性論證是失敗，批判當代道德境遇是以相對主義的問題，其理論架構的背景是設定在市民社會，因其乃是援引馬克思：（Karl Marx，1818～1883）以法國〈一七九三年憲法〉的人權概念〔註19〕；而以羅爾斯為代表重視社會正義，論述方式是以實質性的問題，試圖「通過恢復和提高支配了啟蒙運動政治思想的社會契約論的論證模式，以取代在道德哲學和政治哲學中占有統治地位和壓倒優勢的效益主利〔註20〕，其理論架構的背景是設定在現代（美國）民主社會之中。

何信全在研究〈儒家政治哲學的前景〉時，指出「羅爾斯（JohnRawls）發表著名的《正義論》（A Theory of Justice）一書，將自由主義的政治哲學，奠基於康德式的義務論倫理學，引發社群主義者（communitarians）的強烈批判。至此之後，西方當代哲學界又掀起從倫理學到政治哲學的新一波論爭。此一新的哲學論爭，以『個人 VS. 社群』為核心而展開，涵蓋議題廣泛而深入。」〔註21〕自由主義與社群主義論爭，即是針對個體與群體的關係，即是我們所關注，群己關係是中國的語詞，轉為換成西方的語詞是「個人（Individual）vs. 社群（Community）」或者自我（slef）與社會（society）的關係。西方當代政治理論是源於城邦政治，什麼是政治關係？麥金泰爾自古希臘的政治上論，指出：「亞里士多德時認為有兩種人是不可能獲得美德，奴隸與野蠻人，是被排除於政治之外，而政治關係是自由人相互之間的關係，也是一共同體中成員之間的關係」〔註22〕。當時城邦的社會結構之下，其組

〔註19〕哈伯瑪斯承馬克斯的觀點，認為市民社會實質不過是抽象形式的私有財產權，以確保利己主義的人權，作為政治共同體的國家是維護這種人權的手段，此人類的關係是效益、契約和權利。參見應奇：《社群主義》，台北：揚智文化事業股份有限公司，1999年，62頁。

〔註20〕見應奇：《從自由主義到後自由主義》，北京：生活、讀書、新知三聯書店，2001年，頁1。

〔註21〕何信全，〈儒家政治哲學前景─從當代自由主義與社群主義論爭脈絡的考察〉，《現代價值與儒學傳統中華文化與現代價值的激盪與調融（一）》，台北：喜瑪拉雅研究發展基金會，2002年，頁1。

〔註22〕麥金泰爾（MacIntyre A.）：《倫理理論研究：追尋德性》（After Virture: A Sutdy

成是市民，與市民相對是天然的貴族是菁英份子的象徵，道德上超人一等的
個人，其價值是貴族的氣質，這種藉助高尚禮節和風度，可以「表現在任何
人身上，不論其階級如何」。

　　西方對於自我的認識，吉爾松（Etienne Gilson）認為該從蘇格拉底到巴
斯卡（Pascal）這一線上討論，而其中歷經中世紀更是不可越過，而他指出蘇
格拉底在德爾菲神諭中聽到訓令「認識你自己」（know youself），蘇氏解讀為
一種計畫與方法，亦告知門人應尋求自我認識，此將訓令揭除其神秘性，但
基督徒思想家之後又賦予自己的解釋，自我認識又趨於神祕〔註23〕。在此時
期他們也同時關注於自由的問題，最初對於「自由」的重視是在二世紀，易
勒內（Irenaeus）即提醒我們由《聖經》中找尋，教父們強調自由的觀念，如
奧古斯丁對於自由意志的討論，預藏著啟蒙主義的氣息，雖教父們所關懷的
是人於神的關係，不是為市民社會，但卻蘊釀啟蒙主義提出對人文深度的關
懷，重新思考社會的結構進而爭取平等，因而西方跨入近代，此乃是以一種
古典民主的理論，其中最重要的元素是公眾的意義，而公眾性意義的探尋是
源於中產階（Bourgeois）的興起所開創出，因為他們所關切是問題的自由，
因為產生於公眾討論的見解，被理解為一種靠公眾行為加以貫徹的信念，按
照一種說法，它代表全民的意志（general will）立法樞構使之成為法律。國會
或議院，作為一種制度，使分散的公眾有一個象徵榮譽和勝利的王冠，它乃
公民們促膝交談、議論國家大事的小圈的放大或完備。公眾這寄託於真理和
正義定會產生於當成言論自由的社會是一種建立的權威。

　　自由主義〔註24〕與社群主義論辨〔註25〕亦是在此背景下展開，其外還有

of Moral Theory），南京：譯林出版社，2003 年，頁 201。

〔註23〕吉爾松〈對自我的認識〉一章對於中世紀的自我是透過人與神的關係產生人
　　　　對於自我靈魂的認識，奧古斯丁派稱之內心的頂峰，他們對於靈魂自我認識
　　　　相當重視，這亦如同於陽明良知學著重於意念的省察，但陽明不是為與神的
　　　　關係，而是關切於人倫關係。見《中世紀哲學精神》沈清松譯（L'esprit de la
　　　　philospie médiévale），台北：臺灣商務印書館，2001 年，頁 201～206。

〔註24〕70 年代規範政治倫理的復興是西方政治哲學最受矚目趨向，而此乃是由羅爾
　　　　斯提出，代表左翼自由主義，當時還有諾錫克（Robert Nozick）代表右翼自
　　　　由主義，其所關切的話題是「社會正義」。

〔註25〕80 年代，爭論是社群主義針對羅爾斯正義論的批判，從而形成兩者的對立。
　　　　而社群主義的四大代表人物是麥金泰爾、桑德爾、華爾澤和泰勒，政治學的
　　　　話題乃是「社群」，90 年代「社會正義」和「社群」同時成為主要話題。"Drawing
　　　　primarily upon the insights of Aristotle and Hegel, political philosophers such as

哈伯瑪斯（JiirgenHabermas）批判理論亦針對前兩方提出其問與修正，因此，三者看至西方的理論型態，而中晚明的社會已具有跨入近代的雛型，或許可代表中方的理論，我們會發現共同對群己的關係都相當注重，雖雙方表述的方式、問題意識與形成與發展不同；但若能以代表人物為論，乃基於可以細緻的發現兩者的差異與共同處，或是能找尋共同視域而對話，在沒有曲解或強加的進行討論，或許為彼此尋獲一出口，可使雙方能對話或是開啟相互助益之處。由此，即展開他們公私義涵的討論：

（一）羅爾斯的公私觀

討論西方的公私觀，可能要從個人與社會的概念上看，此概念後的內容與意義是表現他們對於公、私領域的分際。在此論題要討論羅爾斯的個人與群體的關係，透過他的正義觀念，這無疑是支撐他理論的重要關鍵，而德性的討論在羅爾斯是無法直接獲取，正如林火旺所言：「自由主義是透過的觀念，將人類的一些價值，如自由、平等，作特殊的組合和安排的學說。」〔註 26〕但本文以羅爾斯《正義論》與他「正義」對等的是「公平」，公平是依賴他的原則所一直再強調或其他概念所要解釋的核心平等與自由，他所設計的龐大體系亦是環繞著公平，即便是個人與群體之間最基本的利益也是。

羅爾斯的理論乃基於人出生於不平等的社會地位，和自然稟賦的深刻影響，這是人所不能選擇，於是以原初的狀態〔註 27〕立論。社會的基本善是自

Alasdair MacIntyre, Michael Sandel, Charles Taylor and Michael Walzer disputed Rawls, assumption that the principal task of government is to secure and distribute fairly the liberties and economic resources individuals need to lead freely chosen lives. These critics of liberal theory never did identify themselves with the communitarian movement, much less offer a grand communitarian theory as a systematic alternative to liberalism." http://plato.stanford.edu/entries/communitarianism/ 一般研究者對於社群都建基於因為社群主義是以批判的角度加入討論，所以對其理論未審視，或許我們嘗試進一步探究其理論的核心概念，可以發現可能交涉的關鍵。

〔註 26〕林火旺在此指出對自由主義作定義是有實質的困難，也無法找到一組可以被視為這些意識型態的核心或本質。林火旺：《羅爾斯正義論》，台北：台灣書店，1998 年，頁 15～16。

〔註 27〕羅氏對於此狀態的定義是「為一種用來達到某種確定的正義觀的純粹假設狀態」，他是據康德的模式。沒有一個人知道他在社會中的地位與先天的資質、能力、智力、體力等方面的運氣。羅爾斯（John Rawls）：《正義論》（A Theory of Justice）黃丘隆譯，台北：結構群文化事業有限公司，1990 年，頁 10。這是一種虛擬式的要求齊頭平等，如果人選擇加入遊戲，必須成為機械人，人

由與機會，收入、財富和自尊的基礎，都要平等的分配，除非其中一種或所
有價值的不平等分配合乎每一個人的利益。他認為「契約」一詞隱含的個人
或群體的複數。而原初狀態是保證基本契約的公平。基此，他提出原初狀態
下的人是為所有的人在選擇原則的過程中都有同等的權利，所確立的人的內容
是道德主體（有一種他們自己的善觀念和正義感能力的人類存在物）〔註28〕。
進而，討論他所論的個人原則與群體原則，此原則的提出是對於古典效益主義
修改，立於一種自然的方式達到效益原則，亦設計人能恰當地行動，而推導出
個人慾望（自己的最大利益），亦是一個合理的行動，和群體幸福（對共同體也
是正當）都能兼顧，他提出「個人原則（是要盡可能地推進他自己的利益，滿
足於他自己的慾望，同樣，社會的原則是要盡可能地推進群體的利益，最大程
度地實現包括它的所有成員的慾望的總的慾望體系。」〔註29〕羅爾斯認為效益
主義是最自然方式〔註30〕，整體社會以一個人適用的合理的選擇原則，其中需
要公平觀察者和同情的認同，而設想個人原則應用於社會。如此，社會成為合
作場域，個人選擇的機會和自由，個人與群體雙向制衡。

羅爾斯的個人概念是以布拉德雷（Bradley）〔註31〕看法：個人是一個貧
乏的抽象時，他的話可以恰當地解釋為：一個人的職責和義務預先假定了一
種對制度的道德觀，因此，在對個人的要求提出前必須先確定正義制度的內
容。再從羅爾斯的正義原則看，或更確切的發現他如何定位個人與群體，此
兩個原則是：

第一個原則：每個人對與其他人所擁有的最廣泛的基本自由體系相

按指令進行生活，服從規則。

〔註28〕 在此我們看到傳統西方的人類中心論，顯現理性的傲慢，相較於中晚明儒者
「仁人」向度是狹隘。人的內容是以直覺為憑，並且是一種選擇的工具。

〔註29〕 羅爾斯（John Rawls）：《正義論》（A Theory of Justice）黃丘隆譯，台北：結
構群文化事業有限公司，1990 年，頁 21。

〔註30〕 "It is important to keep in mind that Rawls is writing a book of philosophy, not
history. The original position never occurred; it is simply a thought experiment to
allow us to discover the nature of justice."，此指出原初身份是從未出現，是實
驗性的思想允許我們發現自然的正義。自由的正義似乎要透過學習的過程才
能獲得，不是先天就存在。http://en. wikipedia.org/wiki/A_Theory_of_Justice
#Obj ective

〔註31〕 F. H. Bradley （1846～1924） was the most famous, original and philosophically
influential of the British Idealists.他原型和哲學上影響英國觀念論。http://plato.
Stanford.edu/entries/bradley/

容的類似自由體系都應有一種平等的權利。

第二個原則：社會的和經濟的不平等應這樣安排，使它們（a）被合
理地期望適合於每一個人的利益；並且（b）依繫於地位和職務向所
有人開放。〔註32〕

他對於原則的表述，所施行的場域是社會，所要達到是支配權利〔註33〕與義
務的分配，和調節社會和經濟利益的分配，其中兩原則所通往的標的是：確
定與保障公民的平等自由，指定與建立社會經濟不平等〔註34〕。在此，必須
指出公民的基本自由，否則易誤解他在此強烈的透露出一種意向個人活動型
態，只被經濟與社會所決定，也失去在某種選擇，如個人不要利益亦不主動
的利他的自由，他認為：「提出一般人對於效益主義的誤解，以為效益主義沒
有為選擇個人的理想提供一個根據，他坦誠的表明這抉擇的確要依賴於現有
的欲望、現存的社會環境，以及它們的自然發展趨勢，最值得注意是它的價
值是最初條件可能極大地影響應當被鼓勵的人類善的觀念。」〔註35〕，而羅
爾斯所謂公民的自由。他羅列了政治（選舉和被選舉擔任公職的權利）、言論

〔註32〕 "First: each person is to have an equal right to the most extensive basic liberty
compatible with a similar liberty for others. Second: social and economic
inequalities are to be arranged so that they are both (a) reasonably expected to be
to everyone's advantage, and (b) attached to positions and offices open to all." 羅
爾斯（John Rawls）：《正義論》（A Theory of Justice）黃丘隆譯，台北：結構
群文 化事業有限公司，1990 年，頁 57～58。

〔註33〕 康德認為「權利乃是以每個人自己的自由與每個別人的自由之協調一致為條
件而限制每個人的自由……而公共權則是使這樣一種徹底的協調一致成為
可能的那種外部法則的總合。」這是消極式的自由的定義，必須依賴外在的
條件。康德，《歷史理性批判文集》，北京：商務印書館，1990，頁 181～182。
這是消極式的自由的定義，必須依賴外在的條件。

〔註34〕 林火旺指出共和主義的公民是亞里斯多德的概念，「亞里斯多德同時認為人
是政治動物，所以一個理想公民的正當習性是：具有將公共利益或公共善置
於私利之上的氣質傾向。雖然亞里斯多德並不否定某些私人喜好的價值，但
是他堅定主張公共領域比私人領域重要，因為人只有在公共領域中，才能發
揮身為一個社會動物的最高能力。基於這樣的觀點，亞里斯多德認為，只有
具有理性討論公共利益能力的人，才適合成為公民，而只有自由人才具有這
種理性選擇能力，因此除了擁有財產的成年男性之外，所有需要依賴他人生
存的人，如：奴隸、女人、小孩、受薪階級，都不能成為公民。」這也是麥
金泰爾所主張的立場，在這點上羅爾斯似乎已避免能力決定人的身份。見網
路大學 http://210.60.194.100/life2000/professer/linhowang/1people.htm

〔註35〕 羅爾斯（John Rawls）：《正義論》（A Theory of Justice）黃丘隆譯，台北：結
構群文化事業有限公司，1990 年，頁 225。

和集會、良心和思想，個人的自由和個人的財產的權利，依法受任意逮捕和
剝奪財產的自由。這所立是一種民主（權利）與自由（可容許的不平等中獲
利）的社會，他所要通向是一種平等開放的社會體系。他相當強調「自然」，
自然的自由體系與自然的貴族制，這兩者是隸屬於效率原則和差別原則之下，
所謂的效率原則是最佳原則，羅氏也意識到其限制，「在自然的自然體系中，
效率的原則受到某些『背景制度』的約束，一旦這些約束被滿足，任何由此
產生的有效率的分配都被承認是正義的。」〔註36〕這正如預定和諧的模式，
這自然如似高度精密的儀器。他所謂的自然的貴族制的觀念，不是自然權利
而是有較高的自然稟賦的人們的利益將被限制在有助於社會的較貧困部份的
範圍，不再作任何調節社會的偶然因素的努力，他引用貴族的理想（高尚行
為）只有義務但不給與權利，似乎差別原則是限制自然貴族，因為如果權利
與義務應該對於每個人都相同，對於自然貴族就不同待遇，雖是符合法律，
但是無疑是以多數人為益而犧牲少數人。

　　羅爾斯在〈正義的善〉中表述，他在對於「社會聯合」的觀念的討論，首
先表明不借助至善論和有機論的社會觀念，而此觀念則是社群主義所主張。因
為他認為，契約論不是去理解共同體的價值，和選擇實現社會安排的令人滿意
的理論的價值，而是以合理的推論出：正當和善的一致性是取決一個組織良好
的社會是否能獲得共同體的善。他分成兩種態度看待此種方式：一是至少可引
出滿意原則，是對某種社會秩序或實際實現的社會基本結構的某方面的描述，
達到私有社會〔註37〕概念。他說明私有社會是：一不管是個人或團體，都有他
們自身的私人目的，目的之間可能衝突或獨立；二制度本身被看得沒有任何價
值，公共活動不是一種善而是某種負擔，所以每個人僅僅把社會安排當作實現
他的私人目標的手段。社會的利益主要由國家維護著的那些工具和條件構成，
這些工具和條件是為著每一個人在他能力可及上使用。

　　他認為社會聯合是人們透過需要和利益推動他們，以他們的制度所允許

〔註36〕羅爾斯（John Rawls）：《正義論》（A Theory of Justice）黃丘隆譯，台北：結
　　　　構群文化事業有限公司，1990年，頁68。

〔註37〕不是由一種公共的信念（相信它的基本結構本身是公正的和善的這樣信念支
　　　　持），而是每個人或十分多的人去維護此系統的謀算（如何實際的變化都會減
　　　　少他們賴以實現他們的個人目標的手段之總合）支持。羅爾斯（John Rawls）：
　　　　《正義論》（A Theory of Justice）黃丘隆譯，台北：結構群文化事業有限公司，
　　　　1990年，頁514。

和鼓勵的某種方式為互利而共同勞動。他並未否定人是歷史的存在物，他解釋此概念是生活在任何一個時間的個人的能力的實現，要利用一長段時間中許多代人的合作，故合作亦是受歷史指導，歷史又由社會傳統來解釋。據此，他從生活形式上論述，社會聯合體的特徵：為人們所共有的最終目的，和其自身就有價值的共同活動，他舉一場精彩的遊戲，是需要所有參加者合作的集體成就。他認為這可類推於藝術、科學、宗教或是高、低的文化的發展。在此背後所要提出，是有共有的效忠目的和能接受的實現這種目的方法，此方法使每個人的成就感能得到社會的公認。這是道尊身尊的理論，只是他的「道」是架構在利益，不是一種生命的終極關懷，以求於外在他人的彼此制約，而不是自身的對話。

另外，強調個人的觀點，應奇認為是「常常與個人主義和自由主義相聯繫」〔註38〕。我們會發現到羅爾斯的個人概念是高標準，對自我的設定乃為避免古典的效益主義通過快樂主義的錯誤，而以契約論的範圍下提出，就可以獲得完滿的答案。首先，他提出道德人格說明，其有兩種能力：一是獲得一種善觀念的能力，表現為一項合理的生活計劃；二是獲得一種正義感的能力，表現為一種按某種正當原則行為的調節作用的欲望。基此，道德的人是一個具有自己可選定目的的主體，他的基本偏愛取決於條件，這條件使他能去構造一種盡可能充份地，只要環境允許，表現出他作為一個自由平等的理性存在物的本性的生存方式，這部份透顯出他強調是自主。人格的統一表現是在於他的計劃的一致性，而建基於符合他的正當和正義感的方式，遵循合理原則（最高級慾望的基礎）。他同時意識到，高標準的人的形成不是一促即成，他補充說明是漸進形成能夠以正義允許的種種方式表達，並遵循一項生活計劃，從而塑造他的自我統一。

道德人格與欲望的高、低的分別是否有所差異？公與私的合理是建構在道德人的身上，而道德人是否只會最高級的欲望，並且只通向公領域嗎（利益）？這樣道德人成為一個善於利用工具理智的人，如果算計自己與他人是一種德性。在此，我們要對正義概念再進一步釐清，可能從社群主義可以看到道德發展下的問題。

〔註38〕應奇：《社群主義》，台北：揚智文化事業股份有限公司，1999年，9頁。

（二）麥金泰爾的公私觀

麥金泰爾在《德性之後》（After Virtue）一書，他從語言與世界的關係上建構公私的領域〔註39〕。首先，他從世界觀上切入問題，追問西方以分析所構築的世界，在此他由虛構的偽科學家和實在的真哲學所宿居的觀念世界的目的究竟是什麼？他假設我們身處的現實世界的道德語言和自然科學的語言相同是處於一種嚴重無序，因為我們只擁有一列概念的諸片斷而已。在他看來，當代道德文化的基本特徵是由情感主義〔註40〕所表徵，這同時也揭示出一切為一種客觀的道德提供理性證明都不能成功，他從當代道德紛爭和衝突看，在對立論據的概念歸結出三種特徵：在概念上的不可公度性（incommensurability）、道德分歧自相矛盾〔註41〕、論辨概念上有不同前提與極多樣的歷史起源。

麥金泰爾對於現代的「自我」概念提出質疑，而推崇過去的傳統社會的自我觀。他從我們思維的角度上切入，認為在此時倘若我們試圖提出各個人的生活是一個整體或是一個和諧（unity），將會遇到兩種宣聲上的妨礙：一社會，一是哲學。這係於在已異化後的觀念內思考，如在社會方面，我們受制於現代性，因我們正經歷著現代性將每個人的生活分割成多元，隨著此各個部份有其自身的行為規範與模式，因此工作與閒暇分開，私人生活與公共生活分開，團體與個人分開，而我們思考和感受正是處於此之中。在哲學方面，主要是受制於分析哲學的思維，還立基於社會學理論和存在主義的模式。分

〔註39〕　"Alasdair MacIntyre and Charles Taylor argued that moral and political judgment will depend on the language of reasons and the interpretive framework within which agents view their world, hence that it makes no sense to begin the political enterprise by abstracting from the interpretive dimensions of human beliefs, practices, and institutions."麥金泰爾對於道德和政治判斷而討論，依賴於理性的語言和解釋體制運作的內部，他是解釋人類的民主信念、實踐、公共團體。http://plato.stanford.edu/entries/communitarianism/

〔註40〕　"Emotivism is the doctrine that all evaluative judgments and more specifically all moral judgments are nothing but expressions of preference."所有的道德判斷只不過是：偏愛的表達：是看情況而定、可評價的判斷和更加特別地。MacIntyre, Alasdair C, After virtue: a study in moral theory, Notre Dame, Ind. : University of Notre Dame Press, 1984, ppll～12.

〔註41〕　麥金泰爾使用 "imparts a paradoxical air" 應奇認為此乃是不可比性，此應該以宋譯杰所言「彌漫的自相矛盾的氣息」。應奇：《社群主義》，台北：揚智文化事業股份有限公司，1999 年，頁 44。麥金泰爾（MacIntyre A.）：《倫理理論研究：追尋德性》（After Virture: A Sutdy of Moral Theory）宋譯杰譯，南京：譯林出版社，2003 年。

析哲學是以簡單成分去分析複雜的行為與交互行為，簡單消融在整體，而如果我們開始知道怎樣生活可能不只是個別行為與事件的一個序列。

另外，是使個人不同角色規定之間相互分離，他舉沙特（Sartre）〔註42〕存在主義和達論多夫（Ralf Dahrendorf）的社會學理論中自我概念為現代性思想與實踐的典型，在沙特是以一個與其各種角色分離的自我，使人排拒非本真性的自我（社會習俗），清理出一系列界線分明的角色扮演的領域。麥金泰爾認為他們失去傳統社會的人際關係的全部的根本（亞里士多德的德性作用）。

麥金泰爾批判我們正經歷現代性的影響，使得我們的思維以為是清晰明瞭，而其實是一種異化，無形之中正侵蝕過去的德性，這肇因於我們受「現代〔註43〕視域的典型」（characteristically modem view）之困，使得各個場域都隨之起舞，而自我（selfhood）〔註44〕概念不例外。此自我（a self）概念它的一致是屬於敘事的統一：那些連貫著出生到生活到死亡，如同敘事的開端、中間、結尾，這種自我概念是自然出現在敘事的模式之中。進而，他論證人的意圖、社會背景敘事歷史的相互關係，認為人的行為是不能脫離背景來描述意圖（intentions），因為他認為：「一種社會背景可能是一種制度樾構，也可能是我所謂的一種實踐，也可能是特定種類人相同的出身背景」〔註45〕。其所提種種的論證最後都指向一種事實是：任何先在獨立於諸意圖、信念和背景而被確認的「行為」是根本不存在的；而一種特定的敘事歷史結果，成為描述人行為的基本和本質的模式。如何讓意圖或言說行為成為可理解的，則需要語境，而對話是最常見的語境的型態，它也是人交往的一般形式。

〔註42〕他以自我的同一性，指出沙特觀點的錯誤。 "But the onely picture that I find myself able to form of human nature an-sich What I have called a history is and enacted dramatic marrative in which techaracters are slso the autors." MacIntyre, Alasdair C, After virtue: a study in moral theory, Notre Dame, Ind. : University of Notre Dame Press, 1984, p214～215.

〔註43〕現代，性的發生的關鍵時刻之一是生產走出家庭，勞動服務非人格的資本，使得只服務於動物 性的生存、勞動力的再生產以及制度化的貪欲（Pleonexia），麥氏認為它是亞里士多德體系的惡，反而成為現代生產的驅動力。MacIntyre, Alasdair C, After virtue: a study in moral theory, Notre Dame, Ind. : University of Notre Dame Press, 1984, ch l6.

〔註44〕此字還有個性、利己主義之義涵。

〔註45〕"A social setting may be an institution, it may be what I have called a practice, or it may be a milieu of some other human kind." MacIntyre, Alasdair C, After virtue: a study in moral theory, Notre Dame, Ind. : University of Notre Dame Press, 1984, p218.

再者，麥金泰爾是以行為說明自我的概念，他認為行為者不僅是演員並且還是作者，就是至少是我們自身敘事的來源（co-authors），但他又透過亞里斯多德和恩格斯所論的生活，指出每一個人是自身戲劇的主角，也是他人戲中的配角，每一齣戲都受到其他戲的約束。他以馬克思所希望的生活觀為媒介：生活是以特定的方式為規律所支配，並且是可以預言。在此，他帶出其關鍵在一個戲劇性的敘事的任何既定的點上，我們都不知道下一步會發生什麼。不可預料性共存在生活敘事的第二個重要特徵：某種程度的目的論特性的身上。他所要指出生活既是各自獨立，又相互關聯，並且著眼於某種可能的、共有的未來的概念。他認為現在與過去、未來（某種想像，以一種目的或多種的目標）都是相連續。相同地，在一個人格（「我」）的同一性的課題上，他針對經驗主義（洛克、休謨）、分析哲學家與存在主義的盲點，論證人格同一性正是角色統一性的先決條件，而角色統一性有是敘事統一性所必需的。

人格的統一性證呈可被講述的主體，並且自我與他人是相互界定彼此的故事，此乃建基於：「敘事、可理解性、可解釋性的諸概念亦預設人格同一性概念的適用性。」〔註46〕上述，麥金泰爾藉著語言與歷史的關係展開存有：自我、他人、生活的關係，聯貫著時空：現在、過去、未來的關係。據此，他認為「我永遠不能僅僅作為個體去追尋善或踐行德性。」〔註47〕基此，他批評現代個人主義的觀點，以「我是我自己選擇而成的那種存在」是一種從生物學的角度看待人的關係，或者從法律意義是看，是一國的公民，卻不願為其國家所為負責，麥金泰爾稱之為超然的自我，這種態度他認為是同於沙特或葛夫曼。

麥金泰爾反對個人主義式將自身與歷史割斷，主張自我必須在家庭、鄰里、城邦、部族等共同體中，並且通過這些共同體中的成員資格內發現它的道德身份，這主張表示他肯定與承繼傳統，但是否是全盤接受社群的資源？他知道這麼說會造成復古政體以道德制約人的問題，而補充「不必承繼為了

〔註46〕 "A social setting may be an institution, it may be wliat I have called a practice, or it may be a milieu of some other human kind." MacIntyre, Alasdair C, After virtue: a study in moral theory, Notre Dame, Ind. : University of Notre Dame Press, 1984, p206.

〔註47〕 "For I am never able to seek for the good or exercise the virtues only qua individual." MacIntyre, Alasdair C, After virtue: a study in moral theory, Notre Dame, Ind. : University of Notre Dame Press, 1984,p220.

自我去接受社群那些特殊形式的道德限制」〔註48〕雖社群主義以社群為設量，而他的理論是來自於道德的特殊性而尋求對善、對普遍性的探尋。雖然林火旺據指出自由主義的公民概念〔註49〕，但公民與社會的關係是建立在什麼基礎？麥金泰爾認為是德行，而是依利益維繫。

另外，在現代性的基調下討論，似乎無法拋除對於權利與效益的課題，麥金泰爾認為是因為敘事環境的改變。關於社群觀點的形象，應奇認為是「常常與效益主義和保守主義相聯繫」〔註50〕，他論述政治是以亞里士多德的政治概念，「是一種本身就具有內在利益的實踐。」他推崇此種利益，批判現代世界不是基於此種內在利益的實踐上理解。他認為主要的原因是大多數人退為旁觀者，或是消費者附帶受益，他說：「這類勞動中的各種手段一目的的關係必然外在於勞動者所追求的那些利益，結果這類勞動也被排除在本身就具有內在利益的諸實踐的範圍之外，使得實踐移出社會與生活而為邊緣」〔註51〕。他反省十七和十八世紀的道德內容，是因當時人才開始被認為有可能有利己主義的天性，而利他主義就變成在社會上是必要，他以亞里士多德的善（利益）不是私有財產的觀念，說明個人的善（利益）與人類共同體的他人的善（利益）是同一，善不是專有，他批判古代和中世紀的利己主義，亦提出如果每個人的本性而言都是要求滿足於自身的欲望，無政府的狀態就隨之而來。

在正義的課題上，他也發現休謨普遍的人性觀實際是政權精英的偏見（意識型態化的效忠），他認為乃基於十八和十九世紀的道德哲學都在此籠罩之下，故他審視休謨所提德性的三個特徵，其中對諸德性特徵的界定，他發現

〔註48〕 "the city and the tribe does not entail that the self has to accept the moral limitations of the particularity of those forms of community." MacIntyre, Alasdair C, After virtue: a study in moral theory, Notre Dame, Ind. : University of Notre Dame Press, 1984, p221.

〔註49〕 根據伊格納提夫（Michael Ignatieff）的分析，主要可以分為兩個派別，一個是古典公民的理想，可以稱之為公民共和主義的公民概念，這也是社群論的思想淵源；另一個就是自由主義的公民概念。〈公民身分：認同和差異〉見於網路大學 http://210.60.194.100/life2000/professer/linhowang/lpeople.htm

〔註50〕 應奇：《社群主義》，台北：揚智文化事業股份有限公司，1999年，9頁。在麥金泰爾對於傳統維護的立場看似以保守主義，在〈諸德性，人生的統一性與傳統概念〉一文可見，他認為現代保守主義類同於自由主義者標榜自由主義與個人主義，他有意的區別自己與其的不同。

〔註51〕 MacIntyre, Alasdair C, After virtue: a study in moral theory, Notre Dame, Ind. : University of Notre Dame Press, 1984, p227.

觀念已脫離原本的語境，他舉賞罰與榮譽，榮譽只是貴族身份的一個標幟，並非身份本身，現在與財產相連，並且與應得的賞罰不相干，基此，他批評分配正義是基於某種平等（休謨排拒籌劃），或基於各種法定權利來界定正義。正因休謨認為效益是德性，以致於效益概念模糊性，和普遍性影響所有關於「行善」的概念，他特別舉新的仁慈（benevolence）的觀念，與原本歸於基督教的慈愛（charity）變成他人事務中任何一種可操縱性干涉的許可證。有關德性與規則關係的概念，他認為正義的德性〔註 52〕，正如休謨所界定是一種能夠服從正義規則的性情，有康德、密爾和羅爾斯承繼。第三是複數的諸德性變成單數的德性概念，在簡單化和同質化的過程，使得道德語彙逐漸脫離於可理解、所有明確的核心語境。

在德性的課題上，他肯定價值與觀念的關係，他透過肯定概念的特徵推出他的以德行立說的關鍵，麥金泰爾他回顧過去西方的觀念發展過程，認為召回中世紀探尋概念的特徵是相當重要，此特徵是：一沒有某種至少在最終目的之部份確定的概念，探尋將不會有開始，正因有善的概念使我們能夠評定其他的利益，也能擴展我們對於諸美德的目標與內容的理解，也對本質上是探尋善的那種生活作出最初的界定。二他們不是尋找某種特徵已被充分界定的事物，所以通過探尋的過程，探尋的目標最終得到理解。特別值得一提第二種特徵側重於過程，他說：「一個探尋經常是，既是一種有關於探尋特性之教育，又是追求和自我認識的教育。」〔註 53〕基此，他提出諸德性被如此理解，不僅能聯結實踐，使得獲取實踐的內在利益，而通過、克服過程中所遇的傷害、誘惑等困境，而產生對善的探索，並且此提供更多的自我認識和善的知識。所以，他提出德目是維繫人在其中共同追求善所需的德性。

泰金麥爾從休謨的理論探尋，他稱之此乃「更明智的利己主義」和批判，他認為其所提出交感的同情（communicated passion of sympathy）是符合人的長遠利益，是適於他人也適於自身，出於我們的結構是天然地與他人同情共感。他也對於休謨的承繼者批判，認為密爾是一種樂觀主義的斯多葛主義的變體，以為密爾指責古代的道德哲學家，沒有具體列舉以有觀正義的各種規

〔註 52〕 在此麥金泰爾引《正義論》：「德行就是情感，亦即為較高層次的欲望所規制之性情與喜好的相關蘊集，在此情況下，行動的欲望來自於相應的道德的概念。」（MacIntyre, 1984, p232～233）

〔註 53〕 " A quest is always an education both as to the character of that which is sought and in self-knowledge."

則，麥金泰爾認為規則不足以讓人遵從，要遵從則需要斯多葛學派的自制（self command）德性，使我們於情感受誘時控制我們的情感。到康德時，道德不是服從規則，而是變成我們如何知道那些規則應該服從？道德退到邊緣。繼之，他提到亞當‧斯密（Adam Smith）是將德性（斯多葛主義）與共和主義〔註54〕相結合，共和主義是從中世紀和文藝復興的制度中承繼對平等的激情，提出以平等的尊重於服務共同體的觀點，所以正義概念是基於平等，其次是公共應得的賞罰。他還深究他們的理論，乃是緣亞里士多德的友誼和基督教的鄰人之愛，而促成新的博愛、自由概念是屬於基督徒。他種種的批判即是要揭示德性的實踐能夠在社會領域之內進行，他舉珍‧奧斯丁（JaneAusten）是能將基督教與亞里士多德的觀點統一。麥氏對於權利與效益的觀念的演變表述，也顯露出他的主張是個人在社會身份的條件中形成，是相應與應得的權利與利益。

第二節　中晚明儒學與當代西方的共濟

　　許多學者對於研究當代西方理論，在社群主義與自由主義的論爭之中，會提出到底現代社會是否存在有共同的價值標準（standard of values）？在上述的論陳，羅爾斯和麥金泰爾的群己關係之中，隱約可以找到交集之處，如在表述上：社群主義以「善」，代替自由主義表述以「權利」；社群主義以「德行」，代替自由主義表述以「利益」，兩者的論述截然不同，或許我各自理解，會更清楚儒學的理論與他們的優、缺或問題。

一、中晚明儒家與自由主義的相濟

（一）個人與群體的理解

　　中晚明儒家在個人領域的理解上是相當於羅爾斯。中晚明儒者以聖人為理想人格的典範，以良知為理論，所顯現的向度，是一個倫理的人格，羅爾斯提到道德人是在原初狀態下（價值中立）提出是以「做為整全性學說的自由主義」（liberalism as a comprehensive doctrine），何信全指出「羅爾斯的「道德人」概念，基本上是相對於「自然人」概念而言。換句話說，不是從個人做為一種自然的存有來看，而是從個人做為一種道德的存有，也就是從道德的觀點看待之下的個人。在此一意義之下，道德人的基本定位，乃是對自己的

〔註54〕麥氏認為此代表一部份回復古典傳統之羅馬。

行為負道德上的責任。」〔註55〕但深究兩方的道德人的內涵是不同：羅爾斯主張道德人格說明，其有兩種能力：一是獲得一種善觀念的能力，表現為一項合理的生活計劃；二是獲得一種正義感的能力，表現為一種按某種正當原則行為的起調節作用的欲望。中晚明儒者以性善論為人性的底基，重於在意念與行動的一致，以仁義中正為德道的價值，未強調合理的生活計劃，以「義」（宜）和禮為調節行為的方式，欲達至聖人的境界觀。雙方要達的境界或說目的上是相同，但方式不同。

羅爾斯認為道德的人，是一個具有自己選定的目的的主體，他的基本偏愛取決於條件，這條件使他能去構造一種盡可能充份地，只要環境允許，表現出他作為一個自由平等的理性存在物的本性的生存方式，這部份透顯出他強調是自主。人格的統一表現是在於他的計劃的一致性，而建基於符合他的正當和正義感的方式，遵循合理原則（最高級慾望的基礎）。他同時意識到高標準的人的形成不是一促即成，他補充說明是漸進形成能夠以正義允許的種種方式表達並遵循一項生活計劃，從而塑造他的自我統一。

在中晚明儒者討論主宰與流行的課題，狄百瑞的所解釋自由與自我概念的關係所蘊涵的意義，他說：「價值根源在於自我，面對事物所作的當下即是的、感情的、生理的反應是最真實的。」〔註56〕在此，他認為泰州學派在黃宗羲的觀點下是「狂」禪，而狂的義涵在儒家的理解下，是一種自由不被所拘束：王心齋以「人人皆有良知」、「滿街都是聖人」主倡百姓日用即道，將教育傳播到百姓，提高民智對於政權無疑是一種無形的威脅，何心隱提出以「出家」的表詮解安身立命的問題，這樣的思想是顛覆傳統儒家以家庭為本的基礎。

在此向度之下，王陽明、泰州學者、黃宗羲是合於羅爾斯所言的道德人。正如余英時和狄百瑞都指出，儒家的個人主義，基本上是重在個人的道德價值，宜用 personalism 一詞，以與 individualism 有所區別。〔註57〕但狄百瑞以

〔註55〕何信全僅對於人觀的比較，無法可見中晚明儒家的經世問題。〈儒學與自由主義人觀的對比——以孟子與羅爾斯為例〉，《台灣哲學研究》，第二期，1999 年 3 月，頁 145。

〔註56〕Wm. Theodore de Bary 狄百瑞，《中國的自由傳統》李弘祺譯，台北：聯經出版社，1983，頁 45。狄百瑞以「自」字出發以自然，自得兩概念說明中國的自由，這是相應的理解，但只有觀念的理解，而對於儒者的生活世界卻未進一步探求。

〔註57〕參見余英時：《中國思想傳統的現代詮釋》，台北：聯經出版社，1987 年，頁 32～36。

韋氏國際大辭典對於自由的定義論，指出明代思想家有個人主義思想的傾向，這在當時是被認為激進，許多近代學者也持有同樣的看法。〔註58〕就這激進思想，他指王陽明門下的泰州學派諸子，尤其是李贄，他認為這必須在新儒家的脈絡下發展才能理解〔註59〕。

　　在自尊理論上，如果 personalism 表達個人的價值與尊嚴，中晚明儒者對於自由還是一種人格主義，以自我的行為實踐去影響社會，或說透過行為以教育的方式潛移默化的創造（推擴與改良）更多善的價值於社會，是以德化的模式進行社會的善。羅爾斯對於個人概念是相當貧乏的抽象，對於個人提出要求須先確定正義制度的內容，相較此點上，中晚明儒家對於個人的概念是很鮮活，以仁即是生命、生生的意義，一個倫理主體，亦是與世界和諧的一體，不須要透過制度定義對人的要求。

　　正義論在公共領域的建構上是較中晚明儒家完備，對於社會理論與問題的討論是更深入。羅爾斯的理論所應用是在於民主自由的現代社會，以契約的方式試圖建立社會的基本善：自由與機會，收入、財富和自尊的基礎，都要平等的分配，除非其中一種或所有價值的不平等分配合乎每一個人的利益。羅爾斯以公平分配的途徑促使社會達到一種自由、平等的社會。中晚明儒者理論所應用在於中晚明仍在君權的政權與社會，主張以德治的方式建立社會的基本善：教育（學）、機會和自尊，啟發人性的良知成為一個有德者，東林學派還是以清議的方式以言論經世，黃宗羲在《明夷待訪錄》亦多注重治道，以民本為主思考，也未建構出一套政道以民主的外王經世。

　　羅爾斯的理論乃基於人出生於不平等的社會地位，和自然稟賦的深刻影響，這是人所不能選擇，於是以原初的狀態立論。他由個人推向群體是欲望為基礎，所有自由主義的依持都把自己有關權力體系的命題，依賴於公眾的政治角色上，所有官方的決定，以及具有重大後果的私人決定，都辯解為「為了公眾的福利」；所有正式的文告都以它的名義頒布下達。〔註60〕這面對的社會是一種權利與利益分配的社會，因此必須透過剛性契約的方式對於個人與

〔註58〕 Wm. Theodore de Bary. Individualism and umanitarianism in Late Ming Thougt，Self And Society In Ming Thought, New York: Columbia University Press, 1970.

〔註59〕 Wm. Theodore de Bary 狄百瑞，《中國的自由傳統》李弘祺譯，台北：聯經出版社，1983，頁 45。

〔註60〕 C. Wright Mills 米爾斯，《權力菁英》（THE POWER ELITE）王逸舟譯，台北：桂冠圖書股份有限公司，1994，頁 383。

群體設準；中晚明儒者透過柔性教化的方式，中晚明學者言「經世」實指向以治或學二個層面，人更該視其為目地，是以親民愛物為主的一體之仁的經世精神，不能獨善，以公義協調為第一序的價值，還須有知體與學問，才能致於經世。故而，可稱聖人經世。

即便被當時儒者批評為有經世之志的王心齋而言，即試圖營造一個「人人君子」的社會，透過師友方式確立與以學代政，但在社會理論上只以均分田產的方式達到財富的分配，又與明末清初的學者相較，如顧炎武《天下郡國利病書》以講究郡國利病貫穿全書，重點輯錄了兵防、賦稅、水利三方面內容，相形又相較是不足西方；而中晚明儒家對於外王認知的向度是過於狹隘，於是無法提出社會整體的建構，即便在清代學者力倡實學，亦受到西方的文明的衝擊，才意識到儒家所缺的外王向度。

思想在不同社會條件所建構的理論，會受於時代的限制：一是傳統社會一是現代社會兩種不同的社會條件，中晚明儒者正身處於羅爾斯所要排除的處境，一個仍有階級的社會環境，不強調收入、財富，主以自然順應的態度，在時代與環境的制約之下，距離要開出現代政治哲學的個人權利的概念是還有一段路，但民本的立場是儒家所重視，但是否就無存有的不自由平等，我們可以看到中晚明時儒者的行為活動的形式與場域是：講學與講會，啟發與提高人性的品質。相較於羅爾斯所提出廣義社會的善，以分配正義以求社會的貧富不均的現象，王心齋已有此雛型，但因宋明理學的理論的事功觀，以致於無法開出三不朽的「立功」，而對於參與政治的權利與機制，如黃宗羲即批評何心隱為法家之徒，儒者在重德治的思維下，而忽略法條或規範的方式考量，在黃老思想即有很多的資源，但因儒者意識型態之因，懸以為高道德之名節而排斥「術」。

（二）公、私觀念的理論基礎

對於權利與利益的問題，中晚明儒者認為公是無功利之心，反對「專」事於功氣節名，認為功業氣節（效果）是順應（方式）而來。而羅爾斯卻以權利主體發聲，公私共濟的方式以個人的欲望與社會的欲望合作，在深層看兩者：儒家的社會是以人人無私而社會和諧（大同），而羅爾斯卻是承認人人的欲望為出發，使社會有欲而發展，這是出於兩方的理論模式，羅爾斯在〈正義的善〉中表述，羅爾斯在對於「社會聯合」的觀念的討論，首先表明不借助至善論和有機論的社會觀念，而此乃是中晚明儒家所堅守的理論，故他們認為生活世界是一種「體萬物一體之仁」，何信全認為儒者的思維是在：「在此一倫理脈絡之

下，個人被定位為一包括大體與小體之存有」〔註61〕是一種生命機體的宇宙觀，與羅爾斯個人概念空洞化，以一種機械式的宇宙觀，雖然林火旺指出：「自由主義認應人類最重要的特性是：每個人都是一個獨立的個體，因此如果讓每一個個體真誠、自主地追求其生命理想，必然會產生不同的價值理想，所以自由主義政治設計的基本前提是承認價值多元。」〔註62〕羅爾斯是透過人之外的制度層面上肯定，而中晚明儒者則是從人自身的精神層面上肯定價值多元，兩者立場一致的是對於個體真誠與自主都是其理論的特性。

　　羅爾斯主張正義是公平，而中晚明儒者主張仁義中正，相較羅爾斯注重是客觀的標準，所以得以建構對於公共領域的公共論述，主張市民社會的公民權利。而中晚明自認為正統之儒者以理為重，斥責以「玄虛、情識」為論者為異端，因其倡「欲」。梁漱溟在《中國民族之前途》乃是以鄉村建設理論，其中他對中國社會組織的看法是：「倫理本位的社會」〔註63〕。牟宗三、蒙培元認為儒家是道德理性主義者〔註64〕，任劍濤認為是道德理想主義與倫理中心主義雙旋結構〔註65〕，唐君毅以為「這種最誠敬的道德生活，因是要立人極，使人道有形而上的究極意義，所以其中涵有一宗教性，惟從此宗教性上看，才知宋明理學，是中國文化經了佛學之超人文的思想刺激後，進一步的儒家精神的發展」〔註66〕若是因此，儒家所能開出的外王只能在文化的層面，

〔註61〕何信全，〈儒家政治哲學前景—從當代自由主義與社群主義論爭脈絡的考察〉，《現代價值與儒學傳統中華文化與現代價值的激盪與調融（一）》，台北：喜瑪拉雅研究發展基金會，2002 年，頁 1～10。

〔註62〕林火旺：《羅爾斯正義論》，台北：台灣書店，1998 年，頁 16。

〔註63〕梁漱溟：《梁漱溟全集》卷二，濟南：山東人民出版社，1994 年，頁 167。

〔註64〕牟宗三又稱之為道德實踐之理想主義，蒙培元不贊成馬克斯·韋伯所認為儒家是以實用理性或實踐理性，他認為儒家所追求是超越現實的理想境界，決不只是適應現實，它有批判與轉化現實的特性，體現普遍的道德理想追求，不同於西方哲學而言，是一種東方式的德性學說。見《道德的理想主義》，台中：東海大學，1970 年，頁 22～23。《情感與理性》，北京：中國社會科學出版社，2002 年，頁 71。

〔註65〕所謂的道德理想主義，它是一種基於人生的道德安頓，它具有不因為時代和地域因素變化的永恒價值；所謂的倫理中心主義，它是一種基於社會政治控制需要建構的政治倫理論說，它具有一種因為時代地域變化的暫時性和缺陷性。《道德理想主義與倫理中心主義—儒家倫理及其現代處境》，北京：東方出版社，2003 年，頁 25。

〔註66〕唐君毅：《中國人文精神之發展》唐君毅全集卷六，台北：學生書局，1997 年，頁 26。

似乎無法於公共政治上有更多的論述。

二、中晚明儒家與社群主義的共濟

（一）個人與群體的理解

在對於個人的理解上，中晚明儒家與麥金泰爾較能相應，但仍有觀點不同之處。麥金泰爾對於時代思潮是以揚棄的態度，認為現代性將每個人的生活分割成多元，隨著此各個部份有其自身的行為規範與模式，私人生活與公共生活分開的問題。這是包含在現代性的現象中，他的立場是不贊成，這與中晚明儒者的生活世界觀是相應，私人生活與公共生活是交融一致，我們可以透過《明儒學案》對於人物的介紹前，其標題是身份後是姓名，之後描述其思想，必先論及家庭生活，或師承。這顯示中國傳統社會正如梁漱溟所言「倫理本位與職業分立」，身份與個人是一體。

誠然，麥金泰爾對於極端的個人意識是反對，他認為沙特是以一個與其各種角色分離的自我，使人排拒非本真性的自我（社會習俗），清理出一系列界線分明的角色扮演的領域。在中晚明以正統儒者對於佛教之辨，以一種判教的方式廓清儒學，如以儒者自居者耿定向、顧炎武對於異端者如李贄，張居正對於何心隱，東林學派對於周海門等，正統者素以稱離經叛道者為異端，即是與麥金泰爾立場相同，如李贄的「出家」斷絕於家庭與社會的聯繫，因此，中晚明儒者亦是反對過渡的個人意識。

另外，麥金泰爾認為自我（a self）概念它的一致是屬於敘事的統一：那些連貫著出生到生活到死亡，如同敘事的開端，中間、結尾。任何先在獨立於諸意圖、信念和背景而被確認的「行為」是根本不存在的。中晚明儒者亦持相同立場，我們從儒者以道統確立儒學的內容，聖人與孔廟之祭祀與陪祀，無疑是說明一種歷史與傳承性的連續體，並不是斷裂，又透過中晚明良知學的理論主要內涵是知行合一，所顯現是意念與行動的一致的要求。兩者在此是相應認為個體在生活世界之中是各自獨立，又相互關聯，並且著眼於某種可能的、共有的未來的概念。

麥金泰爾以德性論為在公共領域的建構，他提出德目是維繫人在其中共同追求善所需的德性，並認為這乃是一種學習能在德行的過程之中，探尋特性，又能追求和自我認識。這與中晚明儒者的觀點是相同，以立志是為學的標的，確立標的（聖人），以踐行彰顯個人生命情操、境界、責任，可達至人

生終極關懷（道）〔註67〕。兩者不同是所舉列的德目，麥金泰爾以亞里士多德的智、義、勇、節，中晚明儒者以仁、義、禮，智，或是劉宗周以「愛曰仁，宜曰義，通曰禮，知曰智，守曰信」，如果從序列上論其德目的優先性：麥金泰爾首重智，雖四樞德統於正義，中晚明儒者劉宗周首重愛，五德統於仁義中正。但麥金泰爾又提出交感的同情（communicated passion of sympathy）是符合人的長遠利益，是適於他人也適於自身，出於我們的結構是天然地與他人同情共感，這與中晚明儒者的天人學似有相通之處。綜上，正義與智都是訴諸於一種純粹理性客觀性，而仁義中正與仁，是訴諸於一種情理的感通，即是感性與理性的合一，是融主客觀合一，杜維明認為：「仁不是孤立的個人行為，而是一種公共行為，一種對超越的回應」〔註68〕。

　　其次，麥金泰爾以亞里士多德的政治概念，即是你要成為什麼樣的人？「是一種本身就具有內在善的實踐。」這觀點亦與中晚明儒者相應，儒者在學的立志上以「為己之學」為宗，不倡「為人」，故出處與出仕的考量不在於名位，而是一種自認的使命與責任，當然亦因此強烈的意識型態，如明亡不食自縊的民族意識的情節，或麥金泰爾的愛國主義，或稱之民粹主義的問題，羅爾斯在這點上，相較有更多對於公共領域所需的普遍性的建構，對於人權的確立與保障，在客觀環境上不受先天的制約。

　　麥金泰爾與中晚明儒家所設的時代背景是古代社會與傳統社會，在現在的時空是現代，或是後現代，批判現代性的割裂，建構整全性的人格，但面對社會制度政策是無濟，如何使有自身的客觀公共論述，對於現實能有積極作用或是更切要於事，將事實與價值之間的差距拉近，或許此乃是我們研究中國哲學面對「現代」問題時所該努力的方面，是能關注與發現社會議題的問題與趨向，而不是躲於瓊樓中造車。

（二）公、私觀念的理論基礎

　　對於權利與利益的問題，中晚明儒者認為公是無功利之心，反對「專」

〔註67〕杜維明認為道所關注的問題是人類存在的終極意義。儒家的天人學，將仁與天的連續，性、共同性，乃至有機的一致性自相矛盾地象徵儒學的「超越性突破」，無論是靠啟示神學或神學宇宙論，都不可能獲得理解。見於《道·學·政——論儒家知識份子》錢文中、盛勤譯，上海：上海人民出版社，2000年，頁1、5。
〔註68〕杜維明《道·學·政——論儒家知識份子》錢文中、盛勤譯，上海：上海人民出版社，2000年，頁12。

事於功氣節名，認為功業氣節（效果）是順應（方式）而來。麥金泰爾則透過道德觀念的演變說明，他以亞里士多德的善（利益）不是私有財產的觀念，說明個人的善（利益）與人類共同體的他人的善（利益）是同一，善不是專有，他批判古代和中世紀的利己主義，亦提出如果每個人的本性而言都是要求滿足於自身的欲望，無政府的狀態就隨之而來。中晚明正統者儒者在觀念上，相較於麥金泰爾是更嚴厲的排拒利益或善，以甚至從意念上作克己復禮的工夫，但兩者所要通達的目的都是相同；而被稱之為異端的儒者則是爭取理欲的同等地位，對於爭取個人生存的利益（生存權），這點上則不同於麥金泰爾，認為守身、保身乃是存在的積極意義，孝的其中一意「身體髮膚受之父母，不可毀傷」，這是立論於家庭關係上，但是亦是一個社會中最小的群體的重要意義，所以不完全是利己主義。

麥金泰爾對於權利與效益的觀念的演變表述，也顯露出他的主張是個人在社會身份的條件中形成，是相應與應得的權利與利益。他的德性論即是一種至善論與目的論的理論型態，亦一元論，這與中晚明儒家所持的立場是相同，在政教合一的論述背景下，使政治道德化，是否會產生「泛道德主義」的問題，麥金泰爾亦發現觀念是在簡單化和同質化的過程，使得道德語彙逐漸脫離於可理解、所有明確的核心語境。在李明輝的考察，首先稱儒家為泛道德主義者是韋政通，他以「泛」是表述泛濫、越位，乃基於韋政通不贊成「道德理想主義」一說，其次是傅偉勳根據人類的生命價值取向分出十個層面，其中有七個層面是人倫道德為主導原理，因此他認為此乃是以「化約主義」（李明輝以為此是強義的泛道德主義）〔註69〕。

就個體自覺上，中晚明儒者的自覺意識是相當強烈，對於外在政權仍然是無力，如張居正以政治權利禁止書院，有儒者仍然到書院講學，東林學派以學代政的清議，無疑是對於政治以實踐的方式的表達公共意見，這是在歷史的論述下，而麥金泰爾以文學的敘事手法、道德的觀念演變說明人道德的實踐、表現，兩者都無疑會讓人有「文以載道」的虛幻與戲劇張力，或是流於情識的主觀性，但也是批判反省問題的開端，或許在德性與善之間需要透過

〔註69〕李明輝：《儒學與現代意識》，台北：文津出版社，1991 年，頁 67～106。儒家所包涵的觀念與轉折是不同，亦碰到如麥金泰爾所言的道德觀念的混同的問題，乃須要一一的疏理，才不致陷入觀念空洞化的問題，進而人的異化，由麥金泰爾看到，人與環境是同時異化，兩者交互影響，但更須不斷的「反身自誠」的反省批判。

更多的歷史事跡的陳列，使人能追求善的價值與崇高性。

　　在德性與實踐的課題上，麥金泰爾主張德性與語境相當，回到語境脈絡下尋找德性的原初義涵。這亦如中晚明儒者以真誠為訴，返回本來性善的狀態，面對當下複雜的現境作選擇，這必須先肯定價值與觀念的關係，他透過肯定概念的特徵推出他的德性的關鍵，麥金泰爾認為召回中世紀探尋概念的特徵是相當重要，此特徵是：一沒有某種至少在最終目的之部份確定的概念，探尋將不會有開始，正因有善的概念使我們能夠評定其他的利益，也能擴展我們對於諸美德的目標與內容的理解，也對本質上是探尋善的那種生活作出最初的界定。二他們不是尋找某種特徵已被充分界定的事物，所以通過探尋的過程，探尋的目標最終得到理解。麥金泰爾重視實踐過程中的學習，如同中晚明以正統自居的儒者以漸修而悟的方式，而被稱之異端者王龍溪、王心齋是以頓悟而漸修，還有東林學派以修悟並行，雖方法不同但卻以聖人境界為依歸。

　　綜上所論，中晚明儒者對於歷史的連續性、存有的意義與價值、德性與實踐的理論與模式，是較近於社群主義的立場，而對於自由主義相近是個人的自覺和自得的生命情態。在自由主義是規範的方式，但允許多元價值，而社群主義與中晚明儒者是重責任，但以一元價值。中晚明自居正統之儒者追求至善，是一種完全無私之心，以利他為主；而西方自由主義與社群主義言利益，兩人都為達到共同的利益：自由主義由透過個體與群體相互牽制，而得到群體的合作，社群主義以共同的善為主。

　　在對中晚明儒學與西方政治理論的理解，我們發現對於傳統的學術是我們的文化資產，是無法丟棄與剝離於我們的生活世界，但對於未來的社會的多元與複雜，則須要客觀的公共論述，來使我們能穩健的邁向未來的願景，因此兩者都相當重要。在中晚明儒學有何「善」的價值可延續到未來社會，如「天地萬物一體之仁」的理念，以生命有機體的世界觀，可供生態環保的論述；「反身自誠」的理念，以的建立倫理主體的真，從社會最基本的單位家庭開始養成，進而影響到社會等，都是一種公共領域的主張。

　　對於中晚明儒學的外王，是否一定是要在現代政治的課題上，吾人以為可以多與當代西方政治理論交流或對話，就如當代學者試圖透過中晚明儒學的內涵中，轉化中可應於當代儒學發展，如林安梧提出認為儒家的新思考應

以外王到內聖的方式，以社會公義和溝通倫理為重〔註70〕；又或蔣慶利用古代經典《春秋公羊》、《義》架構王道政治，他亦是透過批判民主政治的問題：民意合法性的獨大、缺乏道德，提出王道政治是對民主政治的揚棄與超越。暫且不論其理論是否可以被實踐，但參與公共論述是儒學身為世界之一員所應該的作為，亦是身為地球球民的權利與義務。中晚明自居為正統的儒者，其意識型態是護衛儒學的立場，不知道反省批判儒學的內部問題，以門戶為重，以至於晚明時李贄稱之儒學為「假道學」，當時又稱他為異端者，相形之下，他是從批判問題出發，其思想的特性是開放與寬容，可容於不同觀點；但亦有走向極端失去自我的主體性，在正統與異端之間，所需是一種對於生活世界的關懷與參與，若問要以何種方式參與？每個人可依其能力而為，並非完全只在政治或公義，當然此兩種是更積極的實現儒家的經世思想，但只將經世限於此向度，無疑也將儒家思想帶入為政治服務的型態之中，即會回到漢代儒家的窠臼。

當代知識份子該以何種態度面對中西文化的差異呢？我們以為在理解儒學的問題，須再有更多的「再生」工作，以使儒家走近今日，正如沈清松對於傳統的看法：「透過詮釋和創造的歷程，使得傳統不是一個死物，也不是包袱，而是一個活生生的歷程。」〔註71〕儒學現代化的課題，若從文化認同的角度思考，或許會開拓出更寬廣的場域，使儒學能與當代對話，創造即在其中，從而觀念的開放、反省、省察將對於未來社會是影響深遠。

〔註70〕林安梧，〈後新儒學的新思考：從「外王」到內聖—以「社會公義」論為核心的儒學可能〉，《鵝湖月刊》，第三十卷，第二期，2004 年 9 月，頁 21～24。
〔註71〕沈清松：《再生的傳統》，台北：業強出版社，1992 年，頁 2。

第九章 結 論

一、綜述前論

在導論中，闡明此論題的生成要素，本文於三方面展開：

一是研究動機，提出研究論題的形成原因與論題的核心價值與目的，試圖以王心齋為核心，探討中晚明儒學在長期理學的態式之下發展後所產生的問題，所產生的問題可否對於現今社會有所助益或以資借境之處。吾人以一個研究儒學的人，同樣的提出：在中國哲學中的儒家學說，究竟能提供什麼養份？還有什麼可耕耘或朗現的？吾人發現回答這問題，必須追問到個體與群體的關係。

吾人藉由探究王心齋與中晚明儒學的轉折的論題的探究而發現，也同時尋找儒家學說的社會精神與最原初的觀念和基本命題。為何清代儒者會認為中晚明儒學心性的問題可以動搖一國之興亡？究竟他們是受制於意識型態的障蔽，是否只流於一種傳統與反傳統的對峙？或是這一切都朝向個體與群體之間的調合而引起的立場不同，而所採的觀點的差異？還是由於政治文化的緣故？

二是檢討目前學界對於王心齋與有關泰州學派的研究成果的優缺之處，提出本論題的意義與價值，於此之際，亦針對研究文獻進行分判，和說明研究資料的界定與使用原因。第一層面，以往有關哲學史或思想史的角度。從總體上看，這些論著都致力於闡發中國思想內在的脈絡，對於中國思想發展與問題都能詳實的闡發，其中有些囿因於筆者的思維型態與當時思潮與取徑的問題，在處理與西方的匯通有時無法相應於儒學的脈絡，有鑑於此，對於

處理與當代或其它哲學理論的相濟問題，試圖以觀照兩方思想的背景與問題
意識與優、缺之處，可否能有相互補充之處，或許使兩方都能達到一種客觀
瞭解的立場，不致使對照組成為獨白。在內容方面，多以思想與人物的先後
年代的次第的方式論構，各自旁涉其關心的課題，無論是哲學、思想、政治
文化、過程（勢態），使得宋明的課題有多元、豐富的視域，但也因制於範圍
過於寬廣，以至於無法細密深入。第二層，專以泰州學派之名作為研究的著
作。第三層，專以在透過王學為核心整體的觀照王心齋與泰州之學的重要研
究。第四層，有關王心齋的文獻與研究泰州學派學者相關的重要研究。第五
層是外國學者對泰州學派的研究情況。以上，吾人批判各自的優缺之處，何
者是本論可效之處，何者本論不採，在基礎上提出自身的研究範域與方法，
以彰顯本論文的意義與價值。

　　三是研究範域，釐界論題的導向與範圍，並說明將以何種研究方法進行
論題的討論。在研究方法上，這論題針對王心齋為核心觀照中晚明期的思潮，
以哲學的理論型態加上思想史的方式展開，因為若以哲學的進入研究，往往
會流入以論代實之失，而若單以思想的進入則流於無新意，為避免兩者之偏，
亦讓見解更深入與更融貫，其中亦應用傅偉勳所提《論創造詮釋學及其應用》。
又因本論題的討論還涉及社會理論的部份，故吾人乃採哈伯瑪「交往行為理
論」所總結出交往行為的模式，因他歸結出普世的價值，提出三種有效性要
求：「真實性」、「正當性」、「真誠性」，吾人以此審視王心齋的本體工夫。

　　在紹述背景與當時社會、個人所面臨外緣的問題。在本章將開揭問題的
核心，以三個大方向探析：

　　一是文化層面：宋明理學內在的預設。王心齋的哲學命題的提出，即是
在中晚明時期與內聖外王意識的碰撞和激盪之下同時相互影響與構作而成。
所謂的內聖理論，是指儒家的成德之學。理學進展到中晚明時，儒學的內聖
理論面臨著空前的考驗：一方面是南宋朱學的學術思維，一是明中期陽明之
學的交織下所產生內在理論的問題，在明晚期東林學派針對王學末流的流弊，
揭開宋明儒學內部理論的涵蓋性、一致性，以及理論效力、與困難之處。於
此，將探析儒學內聖理論的衝突。

　　二是外王層面：勢強理微，從三方面論述：是政治層面是以法家的政治
為主，二是經濟層面是朝廷對民的義利傾軋，三是儒士的心態是在自我與社
會之中擺盪。

三是王心齋與泰州之學，以紹述王心齋的學思歷程；王心齋的言說，就其溝通能力上，我們可由他與陽明的論辯、他打理家族事務和勸官賑災等上瞭解，他思考敏捷，以言說與身行的方式與人溝通。王心齋與泰州學乃關於王心齋與中明晚的儒學關係，就是其學之傳與後學，泰州學派的儒學型態也正是開啟清代實學之鑰，因此明代儒學轉化的緣由。

從王心齋思想的來源與王心齋自身思想的提出，王心齋以「合著本體是工夫，做得工夫是本體」就是「先知『中』的『本體』，然後好做『修』的『工夫』」（《全集，答補問遺》卷一）為其本體工夫的合一的精誠感應論，透過良知義涵的演變，發掘其良知觀的特性，良知見在日用不是從現代所指的知識途徑所獲得，而是從本體日用之間所領會，王心齋良知觀的背後所引向是價值的要求：「真」與「善」的追求，所以不假思慮的安排、不著意，要求是「善」，以知之為知知，則是要求「真」。在樂與學並重的提出，王心齋接於陳白沙與王陽明後邁出多一小步，孟子所主張「樂天知命」王心齋以「樂天知天」，又加入「同天」是發揮宋明理學萬物一體的思想於入，讓「樂」的本體，背後所引向是價值的要求：精神之「美」追求。

在他提出格物致知的反己正物，這是掃除陳年積雪般，是要扭轉長期宋明理學的態式，王心齋不畏個體與群體之間的衝突性，藉由衝突開出另一個嶄新的課題——生命個體的「自愛自重」，以存在與存有之間的和諧，也是他追求最終的目的是一個體與群體的調和為依歸。《大學》一篇是對於儒家內聖而開出外王的途徑的展示，是同時顧及人即具有個體性（殊別）與群體性（共通），故人能有合內外的能力，雖因人的特性可有不同方法，但目的卻是共同地。

在百姓日用之道的提出，王心齋不在於兼善天下或獨善其身，而是致力於回到孔子「有教無類」平民教育的傳統，回到雅俗共融的社會。而即事是學即事是道的課題下，事與道的原則，是於百姓之事（道）的基礎上而言，王心齋以維繫人際的關係縱向是以血緣為導向，強調「上下皆當以孝弟為本」。綜上，其所展現是知體以修，是「以生言心」的存有進路。

探討王心齋的儒式社會。儒家以德為本的理論型態，內聖外王的理想社會：人人君子，比屋可封，王心齋所描繪的圖像是一個「人人君子，比屋可封（堯、舜）」的社會。從安身論的內容，可知他從百姓個體出發：保身、尊身、敬身。他企圖打造一個在上位的所有都是君子，在下位都是堯舜之民的社會。吾人首先就其完整的四部份表述：在〈奉緒山先生書〉指出堯舜的政權的型

態、〈與南都諸友〉所宣告以「欲堯舜其君，欲堯舜其民」以萬物一體之仁為論主張以孝國，〈勉仁方〉揭示仁信為基礎的感應之道，形成相親相信的社會、〈王道論〉他提出解決嚴法社會的根本之道是「養之有道而民生遂，教之有方而民行興」透過以學統政，上下講學明理的儒式社會。

其次，再參考散列的文字表述。這樣不但能把握到他思想的核心，也能旁攝可能散列的線索。最後發現王心齋舉古代社會的有序是根源是信（德）與制度，使各行各業司其職，也使令容易的傳達於百姓。依此，他認為明倫對社會有移風易俗的同化效果：使鄉黨鄰里相親、相睦、相愛、相勸，歸於善。人人都以德行為本，不以「營心於功名富貴之末」，而功名富貴自在其中：上者，取賢與善；下者，舉賢以為己功，勸人與善，影響愚夫愚婦皆知所以學。王心齋意圖透過建立道德而產生主仁義的社會，這仍是承儒家的傳統主德輕刑。

再者，在出處與師友問題，分為兩方透析：外層看其出處的態度，內層探究其師友的理念。在外層：政學與理勢之辨，在他認為天下有道是指理性運作下的社會是和諧有序，以社會群體和諧為重，以道德循求個體，換言之，個體的要求應該順於群體；而當社會無序衝突，以個體循求道德，則個體要為群體的和諧，而努力恢復社會到有序的狀態。綜上，我們可以推知，他的害身觀念是基於明代社會情勢，所以為仕的問題：是政學之間與理勢之間相互辯證而形成不同的處境。內層：身正與師友之辨，王心齋特別強調師友的關係，這也是源於其以修身為重考量，他倡導百姓日用之道也本於使之「與知能行」，更值得注意的是關於修正第五倫，而提出「師友」關係。

對於傳統儒家多主述孝弟，而王心齋以師友論是否有相左，對王心齋個人是無所抵觸，整體人倫概括可區分內層與外層關係：在家與家族是屬於內層關係：父子、長幼以孝弟為重；在國與天下是屬於外層關係：君臣、朋友、師友以仁信為重，也就是愛人與信人。就內聖而言，以德行為主，隸歸於身正所以能適於理與勢而作；在外王而言，以講學為主，隸歸於授受所以是師友。

或者，他提出道尊身尊，我們能瞭解他的群體關係是以相親相愛維繫其中和諧，還是以傳統的仁道原則，「親親、尊尊、賢賢」的本是原始儒家所依據的倫理觀。這亦是王心齋晚年成熟之作「大成仁學」乃基於「自尊」為理論最重要的底基，因其理論是賴於徐樾傳其學說。而此「大成仁學」自尊的理論，還須加智（知幾）與「勢」的共構作用，一方面使「尊」理論的運用在道

德主體上更靈活，但也會造成如果尊道與尊身的互混時的流蕩與脫序。王心齋主張理論是道尊身不辱，具體實踐是顏鈞，而孔孟的成仁取義是應用。而不理解可能會混淆或倒置兩者，如顏鈞的弟子何心隱。

在第二節中，本文亦試圖運用哈伯瑪斯「交游行為理論」中的交游行為的模式，說明士人學群的往來互動所展顯的一種社會重構的運動。這部份將拉出兩個向度：

一是橫向講學的助援，以王心齋與相交游的學術師友，作為整個中晚明社會的活絡與思想的交流的縮影。在同門與非同門的師友交游，我們可以觀察到：非同門方面，可見王心齋與甘泉學派的交游是較河東密切，王心齋對於湛、與洪覺山對王心齋學術的交融與認同是相當融洽。王心齋的書函中一部份是與為官者為友，與其討論良知學。同門方面，王心齋與江右之士往來較多與密切，並且不僅書信，就會講的共聚仍多於浙中，鄒守益尊王心齋，與歐陽德以道義相尚，對羅洪先的看重。王心齋與浙中的交游，除與龍溪有實際會講與共遊外，緒山並未有見，而王心齋與兩人的信函多是針對學術的討論為主。由此可知，蓋對王心齋的交游行為與態度有明確的分辨。

二是縱向泰州學派的形成，以王心齋為始下至第五傳的師友的關係，與核心精神、思想的流衍與王心齋是否相應。在探討後發現，在泰州學派的交游行為中，我們會發現士人的交游是透過講學的活動進行，交游範圍愈大者，其思想多傾於兼綜各家之持長，且較具有和諧性，如次數與交游如果是以與人交游的行為透顯師友論的理論中的特點與缺乏，師友論所營造出是一種文化氛圍，而王心齋又以百姓為對象，無疑是預以反身的理論，使百姓能具有高度的道德。反視王心齋的社會理論在其泰州之學的傳遞上，似乎體現一部份師友論的理論與問題。

我們可藉探察泰州學學派的內部心性型態看中晚明期的儒學轉折。本章從兩方面探討，一是內部，泰州學的群己型態，對泰州學學派的自我探詢，我們必須透過這兩方面揭開泰州學所建構出的自我意義世界，概可區分為四種層次，三種儒式型態，以下展開其心性：王襞主「無」：自由放任，王棟主「有」：指導保衛，耿定向主「虛實」：兼融並蓄，李卓吾主「真空」：走向異端，也表顯出泰州學理論內部與外來交流的元素，弱化或強化王心齋理論的型態。倘若在道德自我與社會人倫的關係內看，是以衝突－緩和－和諧－出世辯證的過程。

　　二是外部，中晚明儒者對王心齋與泰州學的質難，本節試以檢視各方對於王心齋與泰州學的質難，不欲設立場性，以當時學者的討論與質疑相互觀照，一方可促使課題顯化，另一方面以分層的討論可發現到課題是否相同或轉變，如此對中晚明的儒學問題更能切實的把握。針對王心齋與泰州的質難，有是以學術的，如格物、自然主宰、無善無惡論，亦有非學術性，如門戶，此皆展示出中晚明學術思想的課題與脈動之一，各學派對於不同學術的討論，亦反映出宋明理學發展至晚明儒學的轉折，由陽明倡講學到心學走向經世的發展，亦顯露中晚明學術與社會的互動關係：道德自我與社會人倫的衝突與和諧，同時儒學內部理論也因之重整，如晚明東林學派與劉宗周，促使儒學內部反省理論轉變可迎向另一階段：一是以學輔政，以清議的方式，積極參與政治監督；一是回歸於學，以著書的方式，影響士人有志於學。

　　針對第四章王心齋儒式社會的建構，乃是立基於儒家重要的價值核心，一種儒者所追求的生命歸宿，而能促使儒者們有共同的願景。在第一節是探討中晚明的聖人觀，吾人發現中晚明的聖人觀須在兩種意義、脈絡下去尋找：一方面與其所承繼的「道」學有關，即稱之為道統，亦是指涉該理論的核心思想、與型態，所展現是一種縱向關係，另一方面是與對於聖俗的內涵的進行討論，所展現是一種橫向關係。這兩者共織而成儒家理論的矛盾與問題。在縱向：道統之辨，一是就道統的軌跡；一是以道統的構建因素，道統既是一種儒者的歷史與社群的展示，也是儒者立正統的工具，受制於官方意識所用，中晚明儒者更欲打破道統成為官方之附庸。

　　我們發現儒者面對時代的轉變，中晚明儒者面臨新、舊觀念的轉變，陽明提出「異業而同學」、「即業以成學」，以講學為應世之道（外王），若從因道全法之下看，講學是人人皆可共學（廣開民智），追究其儒學價值面向是關懷社會人倫，但與傳統政權的立場不同，所以「道統」在不同立場宣聲就不同：官學以護衛體制為優先，私學在則以力爭自主為優先，道統說即交雜於擁聖人與護聖學兩種的立場下而產生。有時研究者因要貫連王心齋與泰州的一致性，忽略兩者的細辨：對於王心齋是志於學做聖人，而其後學是否是以護師學的立場，使得師道與儒學理論加劇變質不再切乎各人生命。在中晚明儒者都以護師道的立場下，或許有基於更強烈儒者意識下深切反省後，尋求儒學的「真理」價值是他們所更關切的課題，而李贄亦或基於此提出反孔孟、反道學，而迎釋入儒越出儒者的世界觀。

　　在橫向：聖凡之辨，首先探討聖人義涵與典範，吾人發現儒家的聖人典範在中晚明不僅是顏子，在陽明後學的討論的對象中還有堯、舜之道，雖順孟子的宗旨，但透顯出中晚明儒者更重視平民化的傾向。其次，探究聖凡的異同，發現儒學的源初本不是聖化之下所形成，而是一種歷史與政治的效應使之聖化，儒學的內容原是生活的智慧，當過度的工具化的營造後，才以致於有聖、凡有天壤之別，使經院儒者以為可具有崇高性，使一般儒者就陷入卑微，無形中將以聖學為光環，遺忘原初的聖人之志。

　　在第二節對中晚明的經世觀探論，首先對於經世之義涵進行瞭解，綜前所述中晚明學者言「經世」實指向，以治或學二個層面，人更該視其為目地是以親民愛物為主的一體之仁的經世精神，不能獨善，以公義協調為第一序的價值，還須有知體與學問，才能致於經世，故而，可稱聖人經世。

　　其次，儒者以經世為儒家之業，透過儒、佛之辨的分判。結果在經世的討論中，中晚明儒者對於儒、佛之辨下進行儒家經世內容的說明與界定，雖然所論皆以不同角度說明，如工夫以《中庸》慎獨、《大學》天下國家等，但多數人還是認為經世乃是儒家之理的一種外顯特徵，心、性命為儒家內蘊的特質，使之思維上多以求理為要，亦於此表顯著中晚明儒者分別在兩種系統中論述儒家的經世：聖學（群聚的意向）與聖人（個體的意向），而有些儒者主傾於其，或是雙兼。據此，可知儒家是必然與經世不可分，但是以治或學其中何種方式經世，在「由仁義行」的原則下，卻是可由人意行，並非絕然二分，或絕對其一。

　　中晚明儒學的重要概念「良知」、「天理人欲「「仁義中正」、「義」，與西方當代政治哲學交涉：羅爾斯（John Rawls，1921～2002）自由主義與麥金泰爾（Alasdair MacIntyre，1929～）社群主義，對於中晚明儒學群己定位及其關係的探討，以對話方式讓各自顯現自身的群、己意義與價值，在尊重與瞭解各自的論述脈絡，再提出交涉的相同與差異，讓中晚明儒學所蘊涵的自由與社群的義涵呈現。探究後發現中晚明儒者對於歷史的連續性、存有的意義與價值，德性與實踐的理論與模式是較近於社群主義的立場，而對於自由主義相近是個人的自覺和自得的生命情態。

　　在自由主義是規範的方式，但允許多元價值，而社群主義與中晚明儒者是重責任，且以一元價值。中晚明自居正統之儒者追求至善，是一種完全無私之心，以利他為主；而西方自由主義與社群主義言利益，兩人都為達到共

同的利益：自由主義由透過個體與群體相互牽制，而得到群體的合作，社群
主義以共同的善為主，以此取徑發現中西理論在透過適度的轉化與對話後，
可找到各自的論述立基之處，亦可促使雙有獲取共濟之處，不讓彼此未溝通
即先預設對立。

二、反省論題成果

在第一章中提到本文的處理模式乃藉由二層性的觀點，近代學者（正）、
時儒（反）兩極性的視域下，再重新審視王心齋與中晚明期儒學的問題，如
此瞭解王心齋的哲學問題會更確切。從而，不但對哲學家的思想中的蘊育和
發展與局限都能有整體性的透析，又也可省察到中晚明時儒學的轉折。若分
層而論，還可以達到幾部份的釐清：

第一，能使王心齋置身於強調良知的話語下，顯現其所思考問題的不同
切入處。

第二，透過王心齋的身處，亦可相襯出其他學派別之間心性的問題差異，
也能知悉研究王心齋者於何處誤解，而導致其所持觀點的異向，或者他們未
發現王心齋思想內深層的意蘊。

第三，透過前所觀照，加入明、清與近、當代的儒者們的視角，再重新
審視王心齋與泰州學派，發掘出兩方的理論與觀點。

第四，再綜合第一、二、三點，追問此論的意義與價值。

第五，以前四點的結果，提出王心齋與中晚明儒學的表現，與所持的觀
點與當代西方理論對話，尋找兩方可提供出對於現今社會有助益，或學術上
可茲借鏡之處。

誠然，在此前導下，先從外部問題探討中晚明的社會，又以儒者的心理
意識為核心，展開探討中晚明期儒學在長期理學的態式之下發展後所產生的
內部問題與批判，再往外層政治、經濟的問題，後確立儒士的心態。其次，細
觀王心齋個體的本體工夫的存有論，再論王心齋對於儒家社群建構所開展出
的儒士社會實踐。再者，檢視王心齋後泰州學派的群己觀，就王襞、王棟、耿
定向、李贄等人的型態討論其形上心靈，又針對中晚明儒學內部的批判發掘
當時疑難的問題意識。再返回至整體關係之中，探論中晚明儒者所論的聖人
與經世的義涵，探察聖人與經世的論述脈絡。最後，以中晚明儒家與西方哲
學自由主義與社群主義的交涉，審視中晚明儒家是與社群主義的主張較為相

應，王心齋的哲學精神與特質是較近於自由主義，但其公共論述的模式不同：王心齋對於社會的建構是以德性教化，羅爾斯是以契約權利，所以對於公義概念，王心齋稍可見其社會正義的雛型，也以均分的觀念，如以上有冊下有票的方式，而羅爾斯是以客觀的正義原則進行社會分配。

在王心齋與中晚明儒學的轉折的探究後，發現中晚明儒學已有自由的因子，良知學的提出是一點，而王心齋與王龍溪、泰州學派則是在儒佛交流下，促使儒學有更鮮明的自由的基礎，尤其生存權的方面，無疑是提出一種人人平等的宣聲，但不是透過契約論的型態，而是透過德行教化的方式觸動人心，使社會有所自覺，以柔性與漸進的方式推動中晚明的發展與前進。即便東林學派也是以道德經世一說，這不可諱言是一種德治思維的教化模式，正如同麥金泰爾對於社群主義的論述，個體在相互關係下界定其個體的身份與責任，而此責任不是基於一種義務，而是出於對於個體自身美善真的追求，如此開出許多人文的向度：宗教、藝術、政治或其他等等。道德自我與社會人倫，從《大學》中所揭示是由個體到群體，個體是群體的基礎，群體的個體的完成，道德自我與社會人論即是如此交互作用與影響，在倫理行為上亦是為了統一兩者，達至最高的善（和諧），而中晚明的王心齋與泰州之人，無疑是為通往和諧的過程上奮鬥，所以呈顯一種衝突性，但如果以王陽明的順應政權與當時思潮，中晚明思想的啟蒙可能到清代仍不會有經世致用的發展。

本論題是以三層次開出，王心齋、中晚明儒學、道德自我與社會人倫，此跨三個領域哲學、歷史、社會，又遊走於哲學史與思想史之間，在過於不及之間的把握，往往會遇到分寸與拿捏的問題，如王心齋與泰州的關係是否該一展開，又或以人、事、時、地的方式討論，是否造成哲學問題意識的失焦，而這樣的論述形式是否跨越到歷史的領域等等的困境。然而在此嘗試的背後是企圖，在面對一個課題：如何展開王心齋與中晚明儒者之間的對話與發展，如何讓他們鮮活地生命能躍動於當時與現代的課題之中，因為領域、向度的寬廣，稍有不慎將走譜亂奏，但此種思想的冒險是有必要，否則對於明代哲學的論述將僅限於我們已瞭解的宗教、心性問題，而開不出儒學新的向度。

其次，本文所涉文獻與人物相當龐大，與所引之資料，恐有疏漏與不確當之處，或於往後再針對各個思想家的專門研究中，反省是否有不確切或過當之處。再者，在研究儒學的道路上是相當艱辛與漫長，因相關的典籍數量龐大，

尤其在明代哲學更是人物與典籍細如牛毛，吾人僅能就議題所及處展開，如聖人與經世僅能選取部份代表立場，不能一一盡全，在中晚明儒家與西方哲學的轉化更無法與全面的論述，只能討論相關有共濟的概念，然則此乃見林之效，可讓我們更清楚王心齋在中晚明儒學的特性與精湛之處，亦為能讓儒學內部兩種立場顯現。

最後，吾文並未深入探論「禮」的問題，而僅透過王心齋的年譜與相關人物年譜略可見（其喪禮的儀式），但相較於宋代朱熹與其弟子的關係，王陽明與弟子就不拘於禮數，這些並不能充份說明中晚明儒者是否不重視禮，此亦有關涉於本論題的內容，或許亦因吾人的見識有限，還無法就此問題展開，還須於後續的研究，或許將來可尋此線索深入探究。

三、儒學命脈的延續與展望

當代研究儒家的學者，往往通過牟宗三所提儒家新外王的內容，而乃有不同見解，一方面是對於外王的社會該是以西方，還是中國原本的社會型態；另一方面，是以外王的具體實踐應該以什麼樣的方式開出？這些涉及未來社會型態與方法，在中晚明儒家與西方社會理論的轉化之中，試以王心齋的「本末論」的角度出發而論：由本，必須先批判反省儒學的問題，才能針對所缺失修整儒學理論；而末，對於將來儒學的命脈，吾人認為不必然於政治上的外王，而應該是一種中國文化內部結構上深耕，相應的政治環境的複雜與詭變，雖說在上古社會有王道政治的模式，有民本的種子，然而是一種理想的政治境界，因其所有的條件與聚成都不復再回。在現今社會又是含括自由、平等、多元的價值體系，一方面以儒家的修身論為教育目標，無疑是以「人人君子」的德性教化，可提昇公民的素質；另一方面，則該拋開封閉的思維，因而無法提供有效的社會理論與公共論述，以王心齋為鏡。儒家思想在今不該是一種封閉護衛的型態，而是要加入多元對話當中，作為以開放，精誠的態度，與眾多思想與文化交流，不淪入一種意識型態的復辟；而是對內展開中國傳統思維內在的對話，如黃老、道家、法家、墨家等，促進加深與擴充彼此內蘊的寬廣的面向，以儒家的個體之修身為基點，以批判反省與吸納、融攝的方式對不同中國傳統思想交涉，建構其內容，使中國哲學理論能更從容面對於回應當代的問題；而不是緊守一種道德的傲慢，如此才能建全中國社會理論，之後才有能力參與國際公共論述，並與西方哲學交涉與論述，促使

西方定義「後現代」的義涵，不再是以異化後的西方契約論的模式進行，或是一種對於「現代」性的逃離，而將國際潮流導向一種和諧的價值之內，以柔性、寬容、正視、尊重各個文化體系的發展，進而宣聲出儒家的整體性關懷（仁）：人與自我、他者，如此才合乎「天行健君子以自強不息」的生生哲學的特性。

在個人對於儒學命脈的延續上，有對於儒學的闡發之責，故邁向掘發明代思想與中國哲學的開始，繼之能探究中晚明儒學與五經的關係，是否真如清代學者所認為中晚明不重經學的原故，和中晚明儒者對於「禮」的探究。

參考文獻

（按筆劃順序）

一、原典

1. 王艮：《心齋先生學譜》，王士緯編，民國三十一年。
2. 王艮：《王心齋先生全集》，袁承業刻印本，民國元年。
3. 王艮：《王心齋全集》，和刻本，台北：廣文書局，1975 年。
4. 王艮：《王心齋全集》，陳祝生等校點，南京：江蘇教育出版社，2001 年。
5. 王艮：《王文貞公集》，王世豐重刊本，嘉慶二十一年。
6. 王衣等：《四先生殘稿》，袁承業刻印本，民國元年。
7. 王棟：《王一庵遺集》，袁承業刻印本，民國元年。
8. 王陽明：《陽明全書》，台北：臺灣中華書局，1985 年。
9. 王畿：《王龍溪全集》，清光緒十五年刊本影印，台北：華文出版社，1970 年。
10. 王畿：《王龍溪語錄》，台北：廣文出版社，1986 年。
11. 王襞：《王東崖遺集》，袁承業刻印本，民國元年。
12. 朱熹：《朱子語類》，北京：中華書局，1994 年。
13. 何心隱：《何心隱集》，容肇祖整理，台北：弘文館，1986 年。
14. 李贄：《焚書續焚書》，台北：漢京文化事業有限公司，1984 年。
15. 周敦頤：《周敦頤集》，譚松林、尹紅，長沙：岳麓出版社，2002 年。
16. 林春：《林東城集》，海陵叢本，萬曆二十五年。
17. 耿定向：《耿天台先生文集》，明萬曆二十六年刊本，台北：文海出版社，1970 年。

18. 張載：《張子全書》，台北：中華書局，1988 年。

19. 陸九淵：《象山全集》，台北：中華書局，1987 年。

20. 程頤：《易程傳》，台北：文津出版社，1990 年。

21. 黃宗羲：《明儒學案》，標點本，台北：中華書局。

22. 黃宗羲：《黃宗羲全集》，南京：浙江古籍出版社，2002 年。

23. 劉安：《淮南子》，許匡一譯注，台北：臺灣古籍出版社，1996 年。

24. 劉散山：《劉子全書》，京都：中文出版社，1981 年。

25. 歐陽德：《歐陽南野先生文集》，明嘉靖刻本。

26. 韓貞：《韓樂吾先生集》，刊本雍正。

27. 聶豹：《雙江先生困辯錄》，續修四庫全書，萬曆二十六年薛茂杞等重刻本。

28. 聶豹：《雙江聶先生文集》，四庫全書存目叢書，北京大學圖書館藏，明嘉靖四十三年吳鳳瑞刻，隆慶六年印本影印。

29. 顏鈞：《顏鈞集》，黃宣民點校，北京：中國社會科學出版社，1996 年。

30. 羅近溪：《近溪子明道錄》，續修四庫全書，上海：上海古籍，2002 年。

31. 羅近溪：《肝壇直銓》，中國子學名著集成，台北：廣文出版社，1960 年。

32. 羅近溪：《羅近溪語要》，刊本。

33. 羅洪先：《念菴羅文集》，文淵閣四庫全書，國立故宮博物院藏本影印。

34. 羅洪先：《念菴羅先生集》，四庫全書存目叢書，北京大學圖書館藏，明嘉靖四十二年劉雄刻本影印。

35. 顧憲成：《小心齋箚記》，台北：廣文書局，1975 年。

二、相關著作

1. 于化民：《明中晚其理學的對峙與合流》，台北：文津出版社，1993 年。

2. 尹繼佐、周山：《相爭與相融》，上海：上海社會科學院出版社，2003 年。

3. 今關壽麿編撰：《宋元明清儒學年表》，北京：北京圖書館出版社，2002 年。

4. 王育濟：《天理與人欲—理學理欲觀演變的邏輯進程》，濟南：齊魯書社，1992 年。

5. 王育濟：《理學・實學・樸學元明清思想文化的主流》，濟南：山東友誼

出版社，1993 年。

6. 古清美：《慧菴論學集》，慧菴存稿一，台北：大安出版社，2004 年。

7. 古清美：《顧涇陽、高景逸思想之比較研究》，慧菴存稿二，台北：大安出版社，2004 年。

8. 左東嶺：《王學與中晚明士人心態》，北京：人民文學出版社，2000 年。

9. 甲凱：《宋明心學評述》，台北：臺灣商務印書館，1967 年。

10. 任劍濤：《道德理想主義與倫理中心主義儒需學倫理及其現代處境》，北京：東方出版社，2003 年。

11. 牟宗三：《牟宗三先生全集一從陸象山到劉蕺山》，第八冊，台北：聯經文化事業公司，2003 年。

12. 何信全：《儒學與現代民主一當代新儒家政治哲學研究》，台北：中央研究院中國文哲研究所，1996 年。

13. 余英時：《中國思想傳統的現代詮釋》，台北：聯經出版社，1987 年，頁32～36。

14. 余英時：《宋明理學與政治文化》，台北：允晨文化實業股份有限公司，2004 年。

15. 余英時：《現代儒學論》，香港：八方文化企業公司，1996 年。

16. 余敦康：《中國哲學論集》，瀋陽：遼寧大學出版社，1998 年。

17. 吳康：《宋明理學》，台北：華國出版社，1973 年。

18. 吳震：《明代知識界講學活動系年：1522～1602》，上海：學林出版社，2004 年。

19. 吳震：《陽明後學研究》，上海：上海人民出版社，2003 年。

20. 呂妙芬：《陽明學士人社群──歷史、思想與實踐》，台北：中央研究院近代史研究所，2003 年。

21. 李申：《中國儒教史上下》，上海：上海人民出版社，2000 年。

22. 李明輝：《儒學與現代意識》，台北：文津出版社，1991 年。

23. 李紀祥：《明末清初儒學之發展》，台北：文津出版社，1992 年。

24. 李書增等：《中國明代哲學》，鄭州：河南人民出版社，2002 年。

25. 杜維明：《杜維明學術專題訪談錄──宗周哲學之精神與儒家文化之未來》，上海：復旦大學出版社，2001 年。

26. 杜維明：《儒學第三期發展的前景問題》，台北：聯經出版事業公司，1983年。

27. 杜維明：《道‧學‧政──論儒家知識份子》，錢文中、盛勤譯，上海：上海人民出版社，2000年。

28. 沈清松：《再生的傳統》，台北：業強出版社，1992年。

29. 狄百瑞：《中國的自由傳統》，李弘祺譯，台北：聯經出版事業公司，1983年。

30. 周祺主編：《泰州學派國際學術研討會論文集》，南京：江蘇古籍出版社，2001年。

31. 岡田武彥：《王陽明與明末儒學》，上海：古籍出版社，2000年。

32. 林子秋、馬伯良、胡維定：《王艮與泰州學派》，成都：四川辭書出版社，1999年。

33. 林火旺：《羅爾斯正義論》，台北：台灣書店，1998年。

34. 林安梧：《儒學與中國傳統社會之哲學省察──以「血緣性縱貫軸」為核心的理解與詮釋》，台北：幼獅出版事業公司，1996年。

35. 侯外盧主編：《宋明理學史》，北京：人民出版社，1960年。

36. 俞可平：《社群主義》，台北：風雲論壇出版社，1999年。

37. 俞揚輯注：《泰州舊事擷拾》，南京：江蘇古籍出版社，1999年。

38. 哈佛燕京學社、三聯書店主編：《儒家與自由主義》，北京：生活、讀書、新知三聯書店，2001年。

39. 胡維定：《泰州學派的主體精神》，南京：南京出版社，2001年。

40. 苗潤田：《中國儒學史明清卷》，瀋陽：遼寧教育出版社，1995年

41. 侯外盧等主編：《宋明理學史》，北京：人民出版社，1997年。

42. 唐君毅：《中國人文精神之發展》，唐君毅全集卷六，台北：學生書局，1997年。

43. 容肇祖：《明代思想史》，上海：齊魯出版社，1992年。

44. 島田虔次：《朱子學與陽明學》，蔣國保譯，西安：陝西師範大學出版社，1986年。

45. 徐梵澄：《陸王學述》，上海：上海遠東出版社，1994年。

46. 徐興海、劉建麗主編：《儒家文化辭典》，鄭州：中州古籍出版社，2000年。

47. 荒木見悟：《中國哲學前沿叢書佛教與儒教》，杜勤、舒志田等譯，鄭州：中州古籍出版社，2005 年。

48. 張廷玉：《新校本明史》，台北：鼎文書局，1975 年。

49. 張學智：《明代哲學史》，北京：北京大學出版社，2000 年。

50. 張樹俊：《泰州學派的創新精神》，北京：中國文聯出版社，2001 年。

51. 梁漱溟：《梁漱溟全集》，卷二，濟南：山東人民出版社，1994 年。

52. 陳來：《中國近世思想史研究》，北京：商務印書館，2003 年。

53. 陳來：《宋明理學》，台北：洪葉文化出版公司，1993 年。

54. 陳鼓應、辛冠清、葛榮晉：《明清實學簡史》，北京：社會科學文獻出版社，1994 年。

55. 陳福濱：《晚明理學思想通論》，台北：環球書局，1983 年。

56. 勞思光：《中國文化路向問題的新探討》，台北：東大，1993 年。

57. 嵇文甫：《左派王學》，台北：國文天地雜誌社，1990 年。

58. 嵇文甫：《晚明思想史論》，北京：東方出版社，1996 年。

59. 彭國翔：《良知學的開展——王龍溪與中晚明的陽明學》，北京：三聯書店，2005 年。

60. 曾春海：《朱熹哲學論叢》，台北：文津出版有限公司，2001 年。

61. 馮達文：《宋明新儒學略論》，廣州：廣東人民出版社，1997 年。

62. 黃公偉：《宋明清理學體系論史》，台北：幼獅出版社，1971 年。

63. 楊天石：《泰州學派》，北京：中華書局，1980 年。

64. 楊祖漢：《儒家的心學傳統》鵝湖學術叢刊，台北：文津出版社，1992 年。

65. 楊國榮：《王學通論——從王陽明到熊十力》，台北：五南圖書出版公司，1997 年。

66. 楊鶴皋：《宋元明清法律思想研究》，北京：北京大學出版社，2001 年。

67. 賈豐臻：《中國理學史》，中國文化史叢書，上海：上海書店，1984 年。

68. 趙吉惠等主編：《中國儒學史》，鄭州：中州古籍出版社，1991 年。

69. 劉宗賢、蔡德貴：《陽明學與當代新儒學》，北京：中國人民大學出版社，2009 年。

70. 劉宗賢、謝祥皓：《中國儒學》，成都：四川人民出版社，1993 年。

71. 劉華：《泰州學派的經濟詮釋》，北京：中國文聯出版社，2001 年。

72. 劉輔琴：《明代思想史》，台北：臺灣開明書局，1969 年。

73. 潘富恩、徐洪興：《中國理學》，鄭州：東方出版中心，2002 年。

74. 蔣慶：《政治儒學》，北京：生活·讀書·新知三聯書店，2003 年。

75. 鄭志峰：《王學與晚明的師道復興運動》，北京：社會科學文獻出版社，2004 年。

76. 蕭箑父、許蘇民：《明清啟蒙學術流變》，瀋陽：遼寧教育出版社，1995 年。

77. 錢明：《陽明學的形成與發展》，南京：江蘇古籍出版社，2002 年。

78. 錢明主編：《陽明學新探》，杭州：中國美術學院出版社，2002 年。

79. 錢穆：《宋明理學概述》，台北：學生書局，1977 年。

80. 鮑世斌：《明代王學研究》，成都：巴蜀書社，2004 年。

81. 應奇：《社群主義》，台北：揚智文化事業股份有限公司，1999 年。

82. 應奇：《從自由主義到後自由主義》，北京：生活、讀書、新知三聯書店，2001 年。

83. 龔杰：《王艮評傳》，南京：南京大學出版社，2001 年。

84. 龔鵬程：《晚明思潮，》台北：里仁出版社，1994 年。

三、期刊論文

1. 于雲翰、仝晰綱：〈從王艮到李贄〉，《雛坊學院學報》，第 3 卷，第 3 期，2003 年 5 月，頁 80～84。

2. 于化民：〈王守仁心學的極端化發展及其主要理學觀點〉，《濟南大學學報》（社會科學版），第 11 卷，第 2 期，2001 年，頁 54～60。

3. 方國根：〈王艮心學思想發微——兼論王艮與王陽明之心學的異同〉，《中國哲學史》，第 3 期，1999 年，頁 93～102。

4. 方國根：〈泰州學派國際學術研討會側記〉，《哲學動態》，第二期，2002 年，頁 47～54。

5. 王錦民：〈略釋影響晚明思想發展的兩段歷史〉，《河北師範大學學報》，第 1 期，2004 年，頁 126～131。

6. 左東嶺：〈李贄研究——順性、自適與真誠〉，《首都師範大學學報》（社會科學版），第 1 期，2000 年，頁 81～90。

7. 左東嶺：〈狂俠精神與泰州傳統〉，《孔子研究》，第 3 期，2001 年，頁 104 ～112。

8. 任文利：〈何心隱的思想及其定位〉，《中國哲學史》，第 3 期，2002 年，頁 80～86。

9. 安京：〈何心隱考〉，《江西社會科學》，第 3 期，1985 年，頁 71～74，92。

10. 朱漢民：〈良知的裂變──論王艮〉，《湖南社會科學》，2000 年 4 月，頁 57～59。

11. 何信全：〈儒家政治哲學前景──從當代自由主義與社群主義論爭脈絡的考察〉，《現代價值與儒學傳統中華文化與現代價值的激盪與調融（一）》，台北：喜瑪拉雅研究發展基金會，2002 年，頁 1～10。

12. 吳琦：〈論晚明異端思想的社會化〉，《華中師範大學學報》（人文社會科學版），第 39 卷，第 4 期，2000 年 7 月，頁 61～66。

13. 呂妙芬：〈儒釋交融的聖人觀：從晚明儒家聖人與菩薩形象相似處及對生死議題的關注談起〉，《中央研究院近代史研究所集刊》，第三十二期，1999 年 12 月，頁 167～207。

14. 岑溢成：〈王心齋安身論今詮〉，《鵝湖學誌》，第十四期，1995 年 6 月，頁 59～82。

15. 李冬梅：〈王艮與王陽明良知思想對比〉，《南京大學學報》（哲學社會科學版），第 5 卷，第 6 期，2003 年 11 月，頁 39～44。

16. 李承貴：〈顏鈞的平實之學〉，《中國哲學史》，第 1 期，2002 年，頁 105 ～113。

17. 李明輝：〈由「內聖」向「外王」的轉折──現代新儒家的政治哲學〉，《中國文哲集刊》，第 23 期，2003 年 9 月，頁 337～350。

18. 谷海英、李英：〈論王艮理學思想的精神內核〉，《河北廣播學院學報》，第 1 期，2003 年，頁 30～32。

19. 和向朝：〈泰州學派與中國通俗文學的繁榮──兼論李贄的異端學說〉，《中國文化研究》，秋之卷總第 25 期，1999 年，頁 69～74。

20. 周利生：〈從泰州學派看吳承恩的創作思想〉，《雲南學術探索》，第 4 期，1997 年，頁 52～55。

21. 周群：〈二溪卓吾關係論〉，《東南學術》，第 1 期，2004 年，頁 26～32。

22. 季芳桐：〈論泰州學派的性質、分化與消融〉，《孔子研究》，第 3 期，2001
    年，頁 104～113。

23. 易宗禮：〈淺析羅汝芳論學為政之實施〉，《江西師範大學學報》（哲學社
    會科學版），第 29 卷，第 4 期，1996 年 11 月，頁 83～87。

24. 易耀秋：〈近代啟蒙變革的「酵母」——略論以王艮為代表的泰州學派的
    歷史作用〉，《雲南師範大學學報》，第 31 卷，第 1 期，1999 年，頁 86～
    90。

25. 易耀秋：〈酵母〉，《文史研究》，第 12 期，1998 年，頁 87～90。

26. 林子秋：〈泰州學派和晚明的啟蒙思潮——紀念王艮逝世 460 年〉，《揚
    州職業大學學報》，第 5 卷，第 3 期，頁 1～6。

27. 林安梧：〈後新儒學的新思考：從「外王」到「內聖」——以「社會公義」
    論為核心的儒學的可能〉，《鵝湖月刊》，第三十卷，第二期，2004 年 9
    月，頁 16～25。

28. 胡維定：〈王艮「百姓日用之道」中的人性自然觀〉，《南京理工大學學報》
    （哲學社會科學版），第 11 卷，第 1 期，1998 年，頁 1～3。

29. 胡維定：〈王艮「身本論」的主體存在價值〉，《湖北師範學院學報》（哲
    學社會科學版），第 20 卷，第 1 期，2000 年 1 月，頁 63～66。

30. 胡維定：〈王艮「萬物一體」說的人己平等思想〉，《學海》，2000 年 3 月，
    頁 61～65。

31. 胡維定：〈王艮的中正之到對古典儒學的復歸〉，《南京師大學報》（社會
    科學版），第 5 期，1999 年 9 月，頁 12～16。

32. 胡維定：〈泰州學派的人文主義精神〉，《南京理工大學學報》（社會科學
    版），第 14 卷，第 6 期，2001 年 12 月，頁 14～17。

33. 胡維定：〈從王艮的「大成仁學」到顏鈞的「大成仁道」〉，《南京師大學
    報》，第三期，1997 年，頁 41～44。

34. 夏瑰琦：〈略論王艮的哲學思想〉，《杭州大學學報》（社會科學版），第 13
    卷，第 2 期，1983 年 6 月，頁 19～26。

35. 祝平次：〈社會人倫與道德自我：論泰州王學的社會性〉，明清文學與思
    想中之主體意識與社會國際學術研討會，2002 年，頁 1～17。

36. 袁征:〈北宋改革派教育家胡瑗〉,《河北學刊》,第 2 期,1989 年,頁 89
〜93。

37. 張克偉:〈王東崖理學思想初探〉,《陝西師範大學學報》(哲學社會科學
版),第 27 卷,第 1 期,1998 年 3 月,頁 116〜119。

38. 張克偉:〈泰州王門巨擘——王一庵哲學思想抉微〉,《南昌大學學報》(社
會科學版),第 27 卷,第 2 期,1996 年 6 月,頁 30〜36。

39. 張克偉:〈論泰州王門學派詩人吳嘉紀及其詩作〉,《學海》,第 1 期,1995
年,頁 88〜92。

40. 張克偉〈論泰州王門學派對晚明思潮之影響〉,《江西社會科學》,第 4 期,
1995 年,頁 94〜97。

41. 張克偉:〈羅汝芳理想思想析述〉,《河北師範大學學報》(社會科學版),
第 23 卷,第 1 期,2000 年 1 月,頁 98〜102。

42. 張承懷:〈略論泰州學派對王學的改造與背離〉,《船山學刊》,第 1 期,
1994 年 1 月,頁 51〜61。

43. 張珽:〈何心隱的社會思想論析〉,《史學集刊》,第 1 期,1998 年,頁 24
〜32。

44. 曹安娜:〈李贄的美學思想〉,《臨沂師專學報》,第 1 期,1993 年,頁 57
〜59。

45. 郭震旦:〈晚明空疏學風與實學風潮〉,《棗莊師範專科學校》,第 21 卷,
第 3 期,2000 年 12 月,頁 20〜25。

46. 郭興良:〈情真妙趣發浩嘆——讀袁宏道的《虎丘記》及其他〉,《玉溪師
專學報》(社會科學版),第 2 期,1991 年,頁 13〜17。

47. 陳立鑲:〈孟子與王陽明聖人觀之比較研究〉,《高苑學報》,第四期,1995
年,頁 305〜312。

48. 陳俊民:〈宋明「三教合一」思潮中的「心性」旨趣〉,《河北學刊》(哲
學社會科學版),1991 年 3 月,頁 15〜23。

49. 陳郁夫:〈心齋學述評〉,《東吳中文學報》,第二期,1996 年 5 月,頁 39
〜54。

50. 陳寒鳴:〈《顏鈞集》與明代中後葉的平民儒學〉,《中州學刊》,第三期,
1997 年,頁 69〜73。

51. 陳寒鳴：〈王艮、何心隱世俗化儒學政治思想〉，《晉陽學刊》，第 24 卷，第 3 期，1995 年，頁 53～57。

52. 陳鳴鐘：〈簡論焦竑〉，《南京社會科學》，1990 年 6 月，頁 90～94。

53. 彭國翔：〈周海門學派歸屬辨〉，《浙江社會科學院》，第 4 期，2002 年 7 月，頁 104～109。

54. 曾春海：〈顧憲成、高攀龍的心性論及其教育理念〉，《哲學與文化》，第 353 期，2003 年 10 月，頁 152～162。

55. 曾春海：〈《明儒學案》〉，《哲學與文化》，第十九卷，第四期，1992 年 4 月，頁 371～374。

56. 曾翠萍：〈王艮論「中」〉，《船山學刊》，第 4 期，2003 年，頁 58～59。

57. 馮達文：〈事的本體論意義——兼論泰州學派的哲學涵蘊〉，《中國哲學史》，第 2 期，2001 年，頁 37～41。

58. 黃文樹：〈泰州學派人物的特徵〉，《鵝湖學誌》，第二十卷，第二期，民國 87 年 6 月，頁 113～178。

59. 黃文樹：〈泰州學派的教育思想〉，《哲學與文化》，第二十五卷，第一期，1998 年 11 月，頁 1018～1033。

60. 黃文樹：〈簡述史家對泰州學派之研究〉，《孔孟月刊》，第二卷，第三六期，1998 年 10 月，頁 39～40。

61. 黃卓越：〈王艮的「淮南格物」論概念系統的再疏釋〉《中國哲學史》第 1 期，2004 年，頁 47～54。

62. 黃宣民：〈明代平民儒者顏鈞的大中哲學〉，《哲學研究》，第 1 期，1995 年頁，49～58。

63. 黃宣民：〈明代泰州學派的平民儒學特徵——《王艮與泰州學派》序〉，《中国社會科學院研究生院學》，第 1 期，1999 年，頁 64～66。

64. 楊呈勝：〈王艮教育思想探析〉，《揚州職業大學學報》，第 6 卷，第 2 期，頁 6～9。

65. 楊國榮：〈晚明心學的衍化〉，《孔孟學報》，第 75 期，1998 年 3 月，頁 115～134。

66. 劉仁衍：〈試論何心隱的政治理想及思想基礎〉，《吉安師專學報》（哲學社會科學版），第 16 卷，1995 年 11 月，頁 91～98。

67. 劉述先：〈王陽明心學之再闡釋〉，《新亞書院學術年刊》，第十四期，1972年，頁 133～156。

68. 劉振華：〈泰州學派的人學啟蒙思想〉，《江蘇行政學院學報》，第 1 期，2002 年，頁 141～144。

69. 劉滌凡：〈明代陽明暨泰州學派加速儒學世俗化的考查〉，《高雄餐旅學報》，第五期，2002 年 12 月，頁 193～210。

70. 劉輝平：〈江右王門學派思想初探〉，《江西社會科學》，第 4 期，1988 年，頁 67～70。

71. 蔣慶：〈王道政治是當今中國政治的發展方向──答何謂王道政治的提問〉，《鵝湖月刊》，第三十卷，第二期，2004 年 9 月，頁 26～36。

72. 蔡文錦：〈泰州學派中的平民哲學家──論陶匠哲學家韓貞〉，《鹽城師范學院學報》（人文社會科學版），第 24 卷，第 2 期，2004 年 5 月，頁 22～25。

73. 蔡文錦：〈泰州學派中的教育家與殉道──論何心隱及其思想〉，《揚州職業大學學報》，第 8 卷，第 2 期，頁 1～5。

74. 蔡文錦：〈論王艮與陸象山的學術宗源關係〉，《南京廣播電視大學學報》，總第 34 期，2004 年 1 月，頁 17～20。

75. 蔡桂如：〈王艮之「學道」及現代意義〉，《泰州職業技術學院學報》，第 2 卷，第 1 期，2002 年 3 月，頁 72～76。

76. 顏學恕、顏煜開：〈明代平民思想家顏鈞的理想追求〉，《中國哲學史》，第 2 期，1997 年，頁 149～156。

77. 羅迦祿：〈羅汝芳生平與家世述略〉，《撫州師專學報》（哲學社會科學版），第 21 卷，第 1 期，2003 年 3 月，頁 13～17。

四、學位論文

1. 吳雲霞：《民本與師道的復歸》，北京：語言文化大學碩士論文，2001 年。

2. 李靜：《顏鈞與泰州學派》，廣州：中山大學碩士論文，2002 年。

3. 步紅芳：《泰州學派羅汝芳思想研究》，北京：人民大學碩士論文，1999 年。

4. 周志文：《泰州學派對晚明文學風氣的影響》，台北：國立臺灣大學中國文學研究所碩士，1977 年。

5. 周林根：《王畿、鄒守益思想之比較》，鄭州：河南大學碩士論文，2003

年。

6. 季芳桐：《泰州學派研究》，南京：南京大學歷史系博士論文，2000 年。

7. 馬曉英：《顏鈞思想研究》，北京：中央大學博士論文，2004 年。

8. 張璉：《王艮的尊身思想與社會參與》，台北：中國文化大學史學研究所博士，1999 年。

9. 許建平：《李贄思想演變史》，上海：復旦大學博士論文，2003 年。

10. 陳麗文：《王心齋思想與泰州學派》，台北：國立臺灣師範大學國文研究所碩士，1996 年。

11. 黃文樹：《泰州學派的教育思想》，高雄：國立高雄師範大學教育學系博士，1997 年。

12. 葉守恒：《王艮思想及其對王學的承繼與轉化》，台中：逢甲大學中國文學研究所碩士，1998 年。

13. 謝旭彬：《泰州學派倫理思想》，廣州：中山大學碩士論文，2002 年。

五、外文著作與譯著

1. 安東尼‧德‧雅賽（Anthony de Jasay）：《重申自由主義》（Choice, Contract, Consent: A Restatement of Liberalism）陳茅等譯，北京：中國社會科學出版社，1997 年。

2. 貝爾（Bell, Daniel）：《社群主義及其批評者》（Communitarianism and Its Critics）李琨譯，香港：牛津大學出版社，2000 年。

3. 安東尼‧紀登斯（Giddens, Anthony）：《現代性與自我認同》（Modernity and Self-Identity: Self and Society in the Late Modern Age）趙旭東、方文譯，北京：三聯書局，1998 年。

4. 米爾斯（C. Wright Mills）：《權力菁英》（The Power Elite）王逸舟譯，台北：桂冠圖書股份有限公司，1994 年。

5. 狄百瑞（WM. Theodore De Bary）：《亞洲價值與人權─從儒學社群主義立論》（Asian Value Human Rights）陳立勝譯，台北：正中書局，2003 年。

6. 吉爾松（Etienne Gilson）：《中世紀哲學精神》〈L'esprit de la philosopie médiévale〉，沈清松譯，台北：臺灣商務印書館，2001 年。

7. 康德（Immanuel Kant）：《歷史理性批判文集》何兆武譯，北京：商務印書館，1990 年。

8. 陳嘉映編著：《存在與時間讀本》，北京：生活‧讀書‧新知三聯書店，1999 年。

9. 麥金泰爾（MacIntyre A.）：《倫理理論研究：追尋德性》（After Virture：A Sutdy of Moral Theory）宋譯杰譯，南京：譯林出版社，2003 年。

10. 羅爾斯（John Rawls）：《正義論》（A Theory of Justice）何懷宏，何包鋼，廖申白譯，北京：中國社會科學出版社，1998 年。

11. 約翰‧羅爾斯（John Rawls）：《作為公平的正義：正義新論》姚大志譯，上海：上海三聯，2002 年。

12. 湯馬士‧波格（Thomas Pogge）：羅爾斯與《正義論》顧肅譯，台北：五南出版社，2010 年。

13. Emmanuel Mounier, Persolailism, Notre Dame: Notre Dame University Press, 1952.

14. MacIntyre, Alasdair C., After virtue: a study in moral theory, Notre Dame, Iind. : University of Notre Dame Press, 1984.

15. Robert P. George, Natural Law Liberalism And Morality, New York: Clarendon Oxford University Press, 1996.

16. Wm. Theodore de Bary, Asian Values and Human Rights: A Communitarian Perspective, Cambridge Mass: Harvard University Press, 1998.

17. Wm. Theodore de Bary, Self And Society In Ming Thought, New York and London: Columbia University Press, 1970.

六、網站資料

1. 布拉德雷：http://plato.Stanford.edu/entries/bradley/

2. 自由主義：http://en.wikipedia.Org/wiki/A-Theory-oJJustice#ODjective

3. 林火旺：〈公民身分：認同和差異〉，見於網路大學：http://210.60.194.100/life2000/professer/linliowang/lpeople.htm

4. 社群主義：http://plato.stanfbrd.edu/entries/communitarianism/

5. 夏清瑕：〈晚明王門後學的思想革新運動〉，《世界弘明哲學季刊》，2000 年 3 月：http://www.whpq.com

6. 陳劍鯉：〈陽明後學所產生之諸問題〉，見網站孔子 2000，2003 年 9 月 5 日：http://www.sonfucius2000.com/Confucian/cheryl.htm

7. 彭國翔:〈良知異見:中晚明陽明學良知觀的分化與演變〉:http://www.con fucius2000.com/coiifucian/zyjzwmynixlzgdfliyyb.htm2003/9/5

8. 景海峰:〈清末經學的解體和儒學形態的現代轉換〉,見於孔子 2000 網站,2003 年 3 月 22 日:http://www.donfucius2000.com/Confucian/qjxjtryxah.htm

9. 有無於佛學之中的意涵:http://www.buddhismcity.net/master/details/123 http://thinker.nccu.edu.tw/bigi/must-take/C-History/90.10.09-2.htm

附錄一：據袁承業之年譜整理
其重要事蹟

王心齋先生年譜

　明憲宗成化十九年癸卯〈1483〉

　六月十六日巳時生

　孝宗弘治二年己酉〈1489〉七歲

　受書鄉塾，信口談說，若或啟之，塾師無能難者。〈王艮蒙學〉

　六年癸丑〈1493〉十一歲

　貧不能學辭塾，師就理家政。〈此乃王艮的齊家〉

　九年丙辰〈1496〉十四歲

　母孺人湯氏卒，居喪哭泣甚哀。

　十四年辛酉〈1501〉十九歲

　客山東。奉守庵公〈其父〉命商遊四方，王艮以山東闕里所在，徑趨山東。〈王艮從商〉

　十五年壬戌〈1502〉二十歲

　親迎孺人吳氏。

　十六年癸亥〈1503〉二十一歲

　家居經理財用，始事時人多異之及措置得宜，人復以為不能及，自是家

道日裕，遂推其餘以及鄰里鄉黨。〈此乃王艮的齊家之效〉

十八年乙丑〈1505〉二十三歲

客山東。王艮有疾，從醫家受倒倉法。既疾愈，乃究心醫道。〈王艮學醫術〉

武宗二年丁卯〈1507〉二十五歲

客山東，過闕里謁孔聖及顏曾思孟諸廟，瞻拜感激，奮然有任道之志。歸則日誦《孝經》、《論語》、《大學》，置其書袖中，逢人質義。

冬十二月子衣生

三年戊辰〈1508〉二十六歲

冬十一月，守庵公以戶役早，起赴官，方急取冷水盥面會。王艮見之，深以不得服勞為痛，遂請以身代役。自是於溫清定省之儀行之益謹。〈王艮的孝道〉

四年己巳〈1509〉二十七歲

默坐體道，有所未悟則閉關靜思，夜以繼日、寒暑無間，務期於有得，自是有必為聖賢乏志。〈王艮的所致力於立定聖賢之志向〉

六年辛未〈1511〉二十九歲

王艮一夕夢天墜壓身，萬人奔號求救，王艮獨奮臂託天而起，見日月列宿失序，又手自整布如故，萬人歡舞拜謝。醒則汗溢如雨，頓覺心體洞徹，萬物一體，宇宙在我之念益真切不容已。自此行住語默，皆在覺中。〈王艮由此時頓悟仁心早於陽明〉

冬十一月子襞生

七年壬申〈1512〉三十歲

築斗室於居後，暇則閉戶坐息其間，讀書考古，鳴琴雅歌。〈王艮「樂」精神的蘊育〉

九年甲戌〈1514〉三十二歲

王艮講說經書，多發明自得，不泥傳註，或執傳註辨難者，即為解說明白。族長者知王艮有志天下，每以難事試之，立為辨析，及各場官民遇難處事皆就質於王艮，王艮為之經畫，不爽毫髮。〈王艮有經於政事〉

十年乙亥〈1515〉三十三歲

家益繁庶，王艮總理嚴密，門庭肅然。子弟於賓客不整容不敢見。〈王艮齊家之有序〉

十一年丙子〈1516〉三十四歲

是年，諸弟並畢婚，諸婦粧奩有厚薄者，門內謹然。王艮一日奉親坐堂上，焚香座前，召諸弟誡曰：「家人離，起方令財物不均。」令各出所有置庭中，錯綜歸之。家眾貝占然。〈王艮齊家也面臨不均的問題，他以平均分配的方式解決〉

十二年丁丑〈1517〉三十五歲

撤神佛像，祀祖先。里俗家廟多祀神佛像。王艮告於守庵公曰：「庶人宜奉祖先。」守庵公感悟，遂祭告而焚之。因按文公家禮，置四代神主祀焉。

守庵公性復喜獵，間張網溪上取雁，日獲十餘，王艮譏諷之，公焚其網，縱雁飛去。適守庵公患痔，痛劇，王艮傍徨侍側，見血腫以口之，守庵公瞿然曰：「兒何至此？」痔尋瘥，人以為孝感所致。〈王艮原有以民間信仰為主，後改以儒家的祭祖。王艮之孝道乃重於孝道的精神，不是愚孝，否則怎敢譏諷其父網雁，而其體萬物一體之仁之心也在此表現〉

十四年己卯〈1519〉三十七歲

江西宸濠亂，時武宗南巡，駐輝維揚，所過騷動。遣嬖幸佛太監、神總兵沿海獵場，至富安場。校尉及王艮門，索鷹犬急。守庵公懼，王艮曰：「而勸我毀神佛，今神佛禍作，奈何？」王艮曰：「大人無恐天之所佑者，善也。何禍為？明日，策馬偕執贄往見神佛，以安守庵公。佛曰：「鷹犬安在？」王艮曰：「里中失獵久矣，何問鷹犬？」佛曰：「今朝去鷹犬，禁弗與耶？」王艮曰：「鷹犬，禽獸也，天地間至賤者。而至尊至貴，孰與吾人？君子不以養人者害人，今以其至賤而貽害干至尊至貴者，豈人情乎？」佛聽其言色動，乃令王艮往來趨步而熟視之，顧謂神曰：「疇昔之夜所夢異人，非耶？」延王艮坐，與語甚歡。抵暮，王艮以父恐辭歸。佛喜曰：「君孝子也。」厚饋以遣，約旦日早來會。及旦，王艮往，佛復喜曰：「君信人也。」遂與俱獵。時師行凍餒，有司供奉不能給，軍士有道莩者，人情洶洶。王艮以善言語佛，宜勸主上早旋輝，以安天下。遲回海上，主上必心動而致疑脫乘輿，一旦卒然臨之，何以備驅逐？佛為感動罷獵，因強王艮謁上，可得柄用，王艮委曲決辭以歸。

歐陽南野德聞而嘆曰：「立談之傾，化及中貴，予不及心齋遠矣。」制冠服。一日喟然嘆曰：「孟軻有言：『言堯之言，行堯之行，而不服堯之服，可乎？』於是按《禮經》制五常冠、深衣、絕至、笏板，行則規圓矩方，坐則焚香默識，書其門曰：「此道貫伏羲、神農、黃帝、堯、舜、禹、湯、文、武、周公、孔子，不以老幼、貴賤、聖愚，有志願學者，傳之。」

〈此說明王艮的應世從容、真切，與所行乃是依據《禮記》，所宗乃是儒家之道統〉

夏五月，子襺生。

十五年庚辰〈1520〉三十八歲

時王陽明講良知之學於於豫章。塾師黃文剛〈吉安人〉，聽王艮說《論語》首章曰：「我節鎮陽明公所論若是。」王艮訝曰：「有是哉？方今大夫士汨沒於舉業，沈酣於名利，皆然也。信有斯人論學如我乎？不可不往見之，吾俯就其可否，而無以學術誤天下。」即日買舟以俟，入告守庵公，公難之。長跪榻前至夜分，繼母唐孺人亦力言於公，乃許之行。得令，即起拜登舟。舟中方就枕，遂夢於陽明公拜亭下，覺曰：「此神交也。」舟次大江，會江寇掠舟中，王艮揖寇，聽取其所有。寇見王艮言動，乃舍去，抵鄱陽阻風，舟移日不得行，王艮禱之，輒風起。既入豫章城，服所制冠服，觀者環繞市道，執海濱生刺以通門者，門者不對，因賦詩為請。陽明公聞之，延入拜亭下，見公與左右人宛如夢中狀。王艮曰：「昨來時夢拜王艮於此亭。」陽明曰：「真人無夢。」王艮曰：「孔子何由夢見周公？」陽明曰：「此是他真處」王艮覺心動，相與究竟疑義，應答如響，聲徹門外，遂縱言天下事。陽明曰：「君子思不出其位。」王艮曰：「某草莽匹夫，而堯舜君民之心，未嘗一日忘。」陽明曰：「舜居深山，與鹿豕木石游居，終身忻然，樂而忘天下。」王艮曰：「當時有堯在上。」公然其言，王艮亦心服陽明。稍稍隅坐，講及致良知，王艮嘆曰：「簡易直截，予所不及！」乃下拜而師事之。辭出，就館舍，繹思所聞，間有不合，遂自悔曰：「吾輕易矣。」明日復入見公，亦曰：「某昨輕易拜矣，請與再論。」王艮復上坐，陽明喜曰：「善有疑便疑，可信便信，不為苟從，予所甚樂也。」乃又反復論難，曲盡端委。王艮心大服，竟下拜執弟子禮。王艮初名銀，王陽明乃易之名艮，字汝止。〈王艮對於陽明之學是有所思辯，亦是他學良知學的開始〉

世宗嘉靖元年壬午〈1522〉四十歲

時陽明公以外艱家居，四方學者聚其門，道院僧房不能容。於是王艮為構書院，調度館谷以居，而鼓舞開導多委曲其間，然猶以為能遍及天下。一日，入告陽明曰：「千載絕學，天啟吾師，倡之，可使天下有不及聞此學者乎？」因問孔子當時周流天下車制何如，陽明笑而不答。既辭歸，制一蒲輪，沿途聚講，直抵京師。會南野諸公在都下，勸王艮歸。陽明亦移書守庵公，遣人速王艮。王艮還會稽見陽明，陽明以王艮意氣太高，行事太奇，欲稍抑之。乃及門三日不得見。一日陽明送客出，王艮長跪曰：「某知過矣。」陽明不顧，王艮隨入至庭事，復屬聲曰：「仲尼不為己甚！」於是陽明揖王艮起。〈王艮有心將良知學傳播，但方法過於奇特，後陽明責備，他亦知錯。王艮與陽明的師徒關係不是表層的尊師重道，而是於理、於心的尊敬〉

二年癸未〈1523〉四十一歲

春初往會稽，侍陽明朝夕。夏四月，貸粟賑濟。淮揚大饑，王艮故所游真州商人，居積富雅，敬重先生，於是王艮從真州貸其米二千石歸，請官家出丁冊給賑，時有饑甚不能移者，則作粥糜食之。既謁巡撫撫公請賑，因以其所賑饑民狀對，撫公疑其言，王艮曰：「賑冊在，場官所可稽。」乃羈王艮於空廊中，令人偵王艮先生出入所，並與往來言者。偵者以實告撫公。撫公覽賑冊，大悔曰：「幾失君矣。」就先生問讀何書，曰：「讀《大學》。」「更讀何書？」曰：「《中庸》。」又問：「外此復何書？」曰：「尚多一部《中庸》耳。」曰：「何謂也？」曰：「誠意、正心、修身、齊家、治國、平天下，道理已備於《大學》。」撫公悟，大發賑行。秋大疫，王艮又日煮藥飲廣為調濟。〈王艮實際從事社會救助與請賑，其實踐於社會公義並起為政者，乃是以《大學》之理〉

三年甲申〈1524〉四十二歲

是年春，四方學者聚會稽日眾，請陽明築書院中以居同志，多指百姓日用以發明良知之學。未幾，陽明公謝諸生不見，獨先生侍左右，或有論諸生，則令王艮傳授。〈王艮以百姓日用闡揚良之學，陽明令其教授〉

春正月子補生。

四年乙酉〈1525〉四十三歲

春正月，往會稽。會廣德，時鄒東廓以內翰謫判廣德，建復初書院，大

會同志，聘王艮與講席。東廓子書院成，因名曰「復初」，刻王艮說於其中。秋七月，會孝豐。郭中州治時尹豐聘王艮開講，刻詩學宮，以示諸生。冬十二月歸省。〈王艮正式講學〉

五年丙戌〈1526〉四十四歲

秋八月，會講安定書院。時王瑤湖守泰州，會諸生安定書院，禮王艮主教事。時同志在宦途，或以諫死，或譴逐遠方，王艮以為身且不保，何能為天地萬物主，因遙湖北上，作此贈之。〈王艮不以明民為宗，而是以世界之民為終極〉

六年丁亥〈1527〉四十五歲

至金陵。會湛甘泉、呂涇野、郄陳廓、歐陽南野聚講新泉書院。時湛甘泉有揭「隨處體認天理」六字以教學者，意與陽明稍異，王艮乃作《天理良知說》。是年秋九月，在會稽送陽明節制兩廣。冬十一月歸省，口月子雍生。〈王艮良知思想的轉折點〉

七年戊子〈1528〉四十六歲

在會稽。集同門講於書院，王艮言百姓日用是道。時廣信永豐俞文德入山習靜，王艮作書招之，俞得書即出山受學。冬十一月，陽明計聞，王艮迎喪桐廬，約同志經理其家。徐擷、張士賢來學。〈王艮正式提出百姓日用是道的實質義涵，同年陽明逝。〉

八年己丑〈1529〉四十七歲

冬十一月，往會稽。會葬陽明。大會同志，聚講於書院，訂盟以歸。冬十二月，撫台劉公梅疏荐。〈撫台薦舉王艮於朝廷，首次被薦〉

九年庚寅〈1530〉四十八歲

在金陵。會鄒東廓、歐陽南野、萬鹿園、石玉溪聚雞鳴寺。夏五月，如會稽，為陽明公子正儀議禮部侍郎黃久庵之女為婚，復至金陵。

十年辛卯〈1531〉四十九歲

是年四方從游日眾，相與發揮百姓日用之學。冬十一月，徐樾復來學。王艮一夕步月下，指星文與語，機應對時若恐失所持循，王艮厲聲曰：「天地不交，否！」又一夕，出游至小渠邊，王艮躍過，顧謂概曰：「汝亦放輕快些。」機持益謹，若遺一物。既機嘆曰：「從前孤負此翁，為樾費卻許多精神。」〈王

艮教學是身教為主，故教徐欄雖地而安，身心是融於景與境，是高層次的品味〉

十一年壬辰〈1532〉五十歲

是年，王汝貞來學。初汝貞持學太嚴，王艮覺之曰：「學不是累人的。」因指旁斫木匠之，曰：「彼卻不曾用功，然亦何嘗廢事。」夏五月，如會稽，經理陽明公家，正攜正憶赴金陵，托黃久庵公。遂大會金陵。〈王艮主順應而學〉

十二年癸巳〈1533〉五十一歲

在金陵。歐陽南野嘗講致良知，王艮戲之曰：「某近講良知致。」南野延王艮連榻數宵，以日用見在指點良知，自是相契。黃洛村常講不欺，王艮曰：「兄多欺矣。」黃洛村愕然請示，王艮曰：「方對食對，客及門，辭不在，非欺乎？黃洛村謝過，王艮曰：「兄又欺矣。」黃洛村未達。王艮曰：「通變而宜，此豈為欺乎？」在座皆有省。〈王艮以「日用見在」指點良知，其在方法主以通變而宜〉

十三年甲午〈1534〉五十二歲

在金陵。復攜正億北上，托黃久庵，至除州還。夏五月，修撰林東峰大欽，給諫沈石山，訪王艮會講泰州。復會金山。時江都令王卓峰惟賢同登金山東峰。

十四年乙未〈1535〉五十三歲

請賑濟。是復大饑，族家子至除夕多不舉火，王艮命伯子衣以所食粟賑之，因以勸鄉之富者。會御史徐芝南九皋按部，王艮請曰：「某有一念惻隱之心，是將充之乎？遏之乎？」芝南曰：「充之。」王艮曰：「某固不忍民饑，願充之以請賑於公。計公亦不忍民饑，充之以及民何如？」於是芝南慨然發賑，造門謝先生。〈王艮自覺於從事社會救助與請賑〉

十五年丙申〈1536〉五十四歲

春正月，撫州樂安董燧來學，留三月。一日，燧瞑目盤坐，王艮臨其旁不覺，王艮撫其背：「青天白日，自作鬼魅？」燧醒起豁然。〈王艮不主靜坐，密契的工夫〉夏五月，會王龍溪金山，訪唐荊州，道出京口。靜令丹徒率在門下士侍王艮，信宿金山寺。異日，王艮游招隱寺，隸卒前導，王艮謝去，謂同

游曰：「茲游與物同樂，使人識官從避去，吾誰與樂也？」既王艮如金陵，偕燧數十輩。〈王艮的平易近人〉會王龍溪邸舍，因論羲皇、三代、五伯事，同游未有以對。復游靈谷寺，與同游列坐寺門歌詠。〈此乃其實際將師友與樂學論的體現〉秋八月，御史洪垣構東陶精舍。洪覺山訪王艮，與論簡易之道。後覺山請訂鄉約，令有司行之，鄉俗為之一變。〈王艮訂鄉約影響鄉俗〉時王艮因學諸友氣未相下，作勉仁方。冬十二月，考守庵公卒，年九十三。先屆八裏，適遇恩例，授高年冠服，王艮侍養周旋，曲當公意，每暇日輒令瞽者彈說古今興廢事，以怡朝夕。公亦竟日喜聽無倦，至寒夜則伏枕側寢，未嘗少問。一日無疾而卒，王艮瞬踊哀號，不食者三日，毀瘠幾不支，戒子弟執喪禮甚肅。明日，州守率僚友祭，四方同志者吊唁無虛日。〈王艮事親之孝，以古禮儀式葬父〉

十六年丁酉〈1537〉五十五歲

是年，王艮玩《大學》，因悟格物之旨。時有不諒先生者，謂王艮自立門戶，先生聞而嘆曰：「某於先師，受罔極恩，學術所繫，敢不究心以報。」冬十一月，御史吳疏山疏荐。是年，吳疏山按淮揚，造王艮廬。冬，復會王艮於泰州，疏荐王艮於朝。〈王艮自身的格物說提出，使同門人不諒解。再次被薦舉於朝廷〉

十七年戊戌〈1538〉五十六歲

揚州守劉愛山托子仁欲召見王艮，復書子仁，辭謝之。王艮從精舍還，遇雨取屐，門人爭取以進。異日，王艮如精舍，吳從本問曰：「昨取屐時，有小子可使，何王艮自取也？」王艮曰：「昔文王伐崇至黃竹墟，革鞋繫解，顧左右皆賢，莫可使，因自結之。昨自取屐，亦以諸友皆賢也。」復笑曰：「若輩在外，歌乎？」又未達，王艮乃自歌，諸友相與和歌，聲徹內外。御史陳公按維揚，訪王艮。至泰州，病目不得行，作歌呈王艮曰：「海濱有高儒，人品伊傅匹」云云。王艮讀之，笑謂門人曰：「伊傅之事我不能，伊傅之學我不由。」門人問曰：「何謂也？」王艮曰：「伊傅得君可謂奇遇，如其不遇，終身獨善而己，孔子則不然也。」時安豐場灶產不均，貧者多失業，奏請蹴平，幾十年不決，會運佐王公、州守陳公理其事，乃造王艮謀。王艮竭力經劃，二公喜策，一均之而事定，民至今樂業。

〈王艮與門人相處，與以歌抒發所學的情形。王艮對於境遇的觀點。其

曾有齊家之效，後亦提供地方「以均」的社會公義策略，而使安豐場民可樂業〉

十八年己亥〈1539〉五十七歲

時王艮多病，四方就學日益眾。王艮據榻講論，不少厭倦。徐子直書至問疾，王艮作書答之。冬十一月，吉水羅念庵洪先造王艮處。林子仁率同郡諸生，黎洛溪率邑諸生，並集王艮堂上，王艮病不能出。念庵就榻傍，述進時悔恨處，且求教益，王艮不答。但論立大本處，以為能立此身，便能位天地育萬物，病痛自將消融，且曰：「此學是愚夫愚婦能知能行者，聖人之道不過欲人皆知皆行，即是為天地萬物把柄，不知此，縱說得真，卻不過一節之善。」明日復見，因論正己物正，王艮曰：「此是吾人歸宿處，凡見人惡，只是己未盡善。若盡善，自當轉易。以此見百姓而天下平。得此道者，孔子而已。」念庵謂東城曰：「余兩日聞心齋公言，雖未能盡領，至正己物正處，卻令人灑然有鼓舞處。」是夕，欲別去，王艮留之，復與論「仁之於父子」一段曰：「瞽瞍未化，舜是一樣命，瞽瞍既化，舜是一樣命。可見性能易命。」遂作《大成歌》以贈念庵。〈王艮勤力於講學，在與羅念庵論學後，促使其完成提出「大成仁學」〉

十久年庚子〈1540〉五十八歲

冬十二月八日時卒。王艮臥室內夜有光燭地，信宿始散，眾以為祥。王艮曰：「吾將逝乎？」王艮病將革，猶集門人就榻前，力疾傾論，門人出，諸子泣請後事，王艮顧仲子襞曰：「汝知學，吾復何慢？」諸子復大泣，王艮顧諸季曰：「汝有兄知此學，吾何慮汝曹？惟爾曹善事之，人生苦患離索，雖時序友朋於精舍，相與切磋，自有長益。」無一語及他事，神氣凝定，遂瞑。及殮，容色猶瑩然不改，為是月八日丑時。門人董高、王汝貞、朱錫、李珠、羅楫、朱恕輩治喪，四方吊者畢集。鄒東廓、王龍溪率同志為位，哭於金陵。門人聶靜、董燧率同志哭於京師。逾月，喪王艮於場之東，附守庵公墓，從遺命也。四方會葬者數百人，董高、王汝貞、張峰、羅楫、朱恕輩經理葬事。〈王艮講學的精神是至死方休，其終臨仍關懷人學習的意義與價值，可見其闡揚講學的精神〉

附錄二：據年譜與和刻本《王心齋全集·弟子錄》整理

	姓　名	字	號	籍　貫	著　作	關　係	職　業
1	林春	子仁	東城	泰州	林東城全集	入門最早	戶部吏部為官
2	王棟	隆吉	一鷹	泰州	王一庵先生遺集	族弟	
3	張淳	濟化	此庵	泰州			蘭陽令
4	李珠	明祥	天泉	泰州		江西李樂庵仲子	泰珠州吏
5	陳莒	實夫	美齋	泰州	論孟類聚	與王艮長子友善	歲貢生
6	王俊		綠湖	江都			
7	宗部	尚恩	丸齋	泰州			初奉例王府審理
8	朱軏	惟實	平齋	泰州			鄉貢
9	朱恕	光信	率齊	泰州			樵夫
10	殷三聘		覺軒	江都			興化府通判
11	俞文德	純夫		永豐			
12	徐樾	子直	波石	江西貴溪	《日省仕學錄》	學得王艮之學最深	歷官雲南布政使
13	張士賢	希賢		江西貴溪			
14	周良相	季翰	合川	胡廣道州		周濂溪之後裔	官瀘州牧
15	吳標	從本		涇縣			

16	王汝真	惟一	樂庵	涇縣			
17	程伊		鹿坡	南昌			
18	程倖			南昌			
19	丁惟甯	懷德		縉雲		鹿坡弟	
20	吳伯			東鄉			
21	董燧	兆時	蓉山	江西樂安	蓉山集		南京刑部郎中
22	聶靜	子安	泉崖	江西永豐			兵科給事中
23	董高	希登		婺源			郎中
24	朱錫	純甫	圖泉	丹徒		王艮之四子之師	漳浦縣教諭
25	喻人俊		回川	南昌			
26	喻人傑			南昌		同川弟	
27	羅楫	汝用	濟川	南昌			
28	張峰		玉屏	江西泰和			江浦知縣
29	胡大徽	尚賓		會昌			
30	程宏忠	汝一	天津	歙縣	雅音詩集		
31	陳應選			天津			
32	陳佐			丹徒			
33	崔殷	邦實	北洋	泰州		與王襞友善	居士
34	梅月	子恒	鶴皋	泰州			以上乃年譜有載記
35	周魁	文魁	南泉	泰州			
36	朱簽	思齋		浙江山陰			泰州知府
37	林庭樟			福建莆田			
38	傅珮			興化			知縣
39	孫雲		淮鶴	江都			鄉科
40	陳淑	汝嘉	曲塘	泰州			湖廣江陵縣丞
41	劉啟元	善甫	中橋	泰州			湖廣松滋知縣
42	黃嚅	子薦	竹崗	泰州			戶部員外郎
43	黃文明			南昌			
44	汪廷相			祁門			
45	汪仆			祁門			
46	盧先瑞			新金			
47	王志仁	居選		泰丹			
48	田汝登	薦甫		泰州			

49	李才	宗德		泰州			
50	李瑤	君祥		泰州			
51	李璽	季祥		泰州		天泉弟	
52	蔣勤		拙齋	泰州			
53	許鳳	鳴周		如皋			
54	崔斌	國然		泰州			
55	崔便	邦濟		泰州			
56	周盤	崇壽		泰州		王艮之妹婿	
57	季宦	存海		泰州			
58	周延年	文長		泰州			
59	徐相	來聘		泰州			
60	周佐	邦臣		泰州			
61	季信	存爵		泰州			
62	王社	宗宜	瀛搓	山東典膳			
63	王樞	成之					
64	王卿	守爵					
65	林曉	養初				林子仁之子	
66	袁彬	子材	方洲	泰州			仕閩中宰
67	載邦	維新	奎泉	泰州			貢生
68	胡稟觀	尚賢		桂陽			
69	費柏			江華			
70	袁株	立號		桂陽			舉人
71	陳淑			泰州			湖廣江陵縣丞
72	許風			如皋	言性緣		
73	付佩						興化縣

此據依門之先後

宦遊維揚四人，四方縉紳十八人，嗜儒修四十五人，記遺七十一人〈據奠軸載記〉及門與為私淑門人尤著：羅汝芳、陳履祥、郝繼可、韓貞、林訥、周思兼、唐珊、陳魁韻、汪有源、施宏猷、吳光先

　　　　　　此表示《遺集》語錄與信函有錄其者

附錄三：泰州學派之傳的不同看法

黃宗羲《明儒學案》

泰州一	泰州二	泰州三	泰州四	泰州五	泰　州
王艮 王襞 朱恕 韓貞 夏廷美〈焦魄〉 徐樾 王棟 林春	趙貞吉	羅汝芳 楊起元	耿定向 耿定理 焦竑 潘士藻 方學漸 何祥 祝世祿	周汝登 陶望齡 劉塙	顏鈞 何心隱 鄧鶴 方與時 程學顏 錢同文 管志道〈耿天台〉

依《明儒學案》記載之學譜

一　傳	二　傳	三　傳	四　傳	五　傳
王襞→	韓樂吾			
王棟	四方為官，創辦講學			
朱恕	樵夫			
林春				
徐樾→	趙貞吉→	鄧豁渠→何祥	方與時→	耿定理→方學漸
	顏鈞→	何心隱→	程學顏 錢同文	
		羅汝芳→	耿定向→	焦成〈又信李贄〉 潘士藻〈又信李贄〉 祝世祿
			楊復昕	
			周海門→	陶望齡 劉塙

袁承業《王心齋弟子師承表》

一　傳	二　傳	三　傳	四　傳	五　傳
林春	顏鈞→	羅汝芳→	楊起元	陶望齡
王棟	趙貞吉	何心隱→	周汝登→	劉塙
俞文德	韓貞	張后覺	焦竑→	夏廷美
徐樾→	林訥	趙維新	陳履祥	王元鼎
王衣	季寅	季來之	程學顏	
王襞	耿定向→	耿定理	錢同文	
王褆	劉堯海		方與時	
等 88 人	等 132 人	等 57 人	等 25 人	等 24 人

→代表對在傳遞泰州思想有重要的影響。

一傳有 69 人是失考；二傳有 92 人不可考，共記載 487 人。

《明史》

	一　傳	二　傳	三　傳	四　傳
王艮	林春			
	徐樾→	顏鈞→	梁汝元 羅汝芳→	楊起元 周汝登 蔡悉

耿定向《耿傳》

	一　傳	二　傳	三　傳
王艮	徐樾→	趙貞吉→	
		羅汝芳→	宮洗 楊起元 傲思臣〈尊信其學〉 張中丞〈尊信其學〉

李二曲《觀感錄》

	一　傳	二　傳	三　傳
王艮	周良相 朱簽 董燧 聶靜 林春		
	徐樾→	趙貞吉	
	顏鈞→	何心隱→	錢懷蘇 程學顏
		羅近溪→	楊起元

李贄〈《焚書・為黃安上人三首》卷二〉

	一　傳	二　傳	三　傳
王艮	徐樾→	趙貞吉→	鄧豁渠
	顏鈞→	何心隱→	錢懷蘇 程學顏
		羅近溪	

顧亭林〈《日知錄・朱子晚年定論》卷十八〉

	一　傳	二　傳
王艮	顏鈞→	趙貞吉
		羅近溪
龍溪	何心隱→	李卓吾
		陶望齡

附錄四：王心齋世系略表

據《王東崖先生遺集》、《明儒王東煥東隅東日天真四先生殘稿》等整理：

一、王伯壽→王國祥→王仲仁→王文貴→王公美→王紀芳→王艮

二、王艮→王衣（字宗乾，號東塽，正德二年十二月二十八日生，嘉靖四十一
　　年八月十五日卒，1507～1562）

　　→王襞（字宗順，號東崖，正德六年十一月生，萬曆十五年卒，1511～
　　　1587）

　　→王褆（字宗飭，號東隅，正德十四年五月二十四日生，萬曆十五年十
　　　月八日卒，1519～1587）

　　→王補〈字宗憲，號東日，嘉靖二年三月十七日生，隆慶五年六月二十
　　　三日卒，15237～1571）

　　→王裕（一名雍，字宗化，號漁海，嘉靖六年十一月生，嘉靖二十三年，
　　　年十八卒，1527～1544）

三、王衣→王之垣（原名士蒙，字得師，號印心，卒於萬曆三十八年六月十六
　　日，？～1610）

　　王之漸

四、王之垣→王元鼎（字調元，一字去膺，後改字天真，號禹卿，生於萬曆四
　　年四月四日，1576）→孫元、孫凱

五、王襞→王之翰、王之詮、王士奇、王士介、王士羮、王士文

附錄五：據年譜整理之王艮學譜

年　齡		來學者	事　件	著　作
40 歲 (1522)			四方學者聚其門構書院　致良知鬼神莫測欲同下人　為善	鰍鱔賦
43 歲			鄒守益建復初書院聘王艮	復初說
44 歲 (1526)	第一批	林春、王棟、張濬、李珠陳苕數十人來學	八月安定書院主教事　十月（王瑤湖北上贈之）　傳授論語首章（易簡之旨）	安定集講說明哲保身論樂學歌
45 歲 (1527)	第二批	王俊本、朱軏、朱恕、殷三聘來學	會湛甘泉、呂涇野、鄒守益、歐陽南野聚講新泉書院（王艮發現湛甘泉的隨處體認天理與陽明稍異）	作天理良知說
46 歲 (1528)	第三批	招愈文德（出山受學）十一月青溪徐機、張士賢來學		
48 歲			會鄒守益、歐陽南野聚講雞鳴寺	
49 歲 (1531)		十一月青溪徐樾復來學		
50 歲 (1532)	第四批	周良相（道州）、吳標王汝貞（涇縣）、程伊程俸（南昌）來學		

51歲 (1533)	第 五 批	丁惟寧（縉雲）來學	南野講致良知→王艮日用見 在指點良知 黃洛村弘綱常（禮節）講不欺 →通變而宜此豈為欺	
52歲 (1534)	第 六 批	吳怡（東鄉）偕數友來 學	事例說明王艮教人是大率在 言外令人自覺自化	
54歲 (1536)	第 七 批	董燧（金臺）聶靜（金 臺）來學 婺源董高、丹徒、朱 錫、南昌喻人俊、喻人 傑、羅揖來學	五月會王龍溪談羲皇三代 洪覺山請定鄉約	作勉仁方
55歲			玩大學因悟格物之旨	復林子仁書
56歲 (1538)	第 八 批	張峰（泰和）、胡大徽 （會昌）、程弘忠（歙 縣）、陳應選（天津）、 陳佐（丹徒）來學	在答林子仁書 事例說明王艮教人是言教 不如身教之易從也	
57歲 (1539)			徐子直書作書答 十一月羅念庵造訪	作大成歌
58歲 (1540)			十二月八日卒